FSC
www.fsc.org
MIX
Papier aus verantwortungsvollen Quellen
FSC® C018236

ISBN 978-3-8112-3514-4

Illustrationen: Detlef Kersten
Text: Katrin Hecker, Ulrike Berger
Umschlagfoto: Designed by Sergey_Kandakov / Freepik
Umschlaggestaltung: Vanessa Braun
Printed in the EU

Der Umwelt zuliebe gedruckt auf chlorfrei gebleichtem Papier.

www.gondolino.de

99 EXPERIMENTE FÜR KINDER

gondolino

Inhalt

Ein Knoten aus Wasser 8
Das schnittfeste Papier 10
Eine Knitterflasche 12
Wo geht es zum Licht? 14
Ganz weiche Haut 16
Auf Rollen 18
Der dichte Strumpf 20
Kalte Zwerge, warme Riesen 22
Stehaufmännchen 24
Licht hat viele Farben 26
Das Bild in der Luft 28
Der Vogel im Käfig 30
Die Erbsen-Sprengung 32
Das kletternde Wasser 34
Ein Glas Luft, bitte! 36
Eine faule Münze 38
Ein Spiegel aus Wasser 40
Warm oder kalt? 42
Die unmöglichen Gabeln 44
Das magische Ei 46
Das Luftkissenboot 48
Das mutige Pendel 50
Der Trick mit dem Knick 52
Rot wird Gelb 54
Das Rennen der Wassertiere 56
Eine Wasserlupe 58
Ein Fallschirm 60
Brot wird süß 62
Eine Mini-Explosion 64
Das soll Orangensaft sein? 66
Der Eier-Frische-Test 68
Der Wasserberg 70
Tanzende Münzen 72
Kraft durch Wasser 74
Licht zum Ausgießen 76
Ein Loch in der Hand 78
3, 2, 1 Start! 80
Der wandernde Draht 82
Starker Atem 84
Die Kraft des Bogens 86
Der Strahl in der Kiste 88
Wer fährt? 90
Grüne Kartoffeln 92
Das Rätsel der Eisberge 94
Luft als Klebstoff 96
Voll starke Eier 98
Eine Sommeruhr 100
Akustische Täuschung 102
Wie viele Spitzen? 104
Ein trockener Taucher 106
Tanzende Schlange 108
Der berühmte Eiertest 110
Ein gewaltiger Schatten 112
Ein roter Baum im Auge 114
Der farblose Tee 116
Das klebrige Wasser 118

Feuerlöscher gefällig? 120
Die Überraschungskiste 122
Das Schattengesicht 124
Der Schmecktest 126
Joghurt, selbst gemacht! 128
Blühende Papierblumen 130
Verliebte Bälle 132
Ein Fall-Wettbewerb 134
Der Filzstift-Wettbewerb 136
Wo ist der Zucker? 138
Zuckerstäbe, selbst gemacht! 140
Farbige Schatten 142
Eine große Menge Nichts 144
Tanzende Luftblasen 146
Eine tolle Rakete 148
Das unsichtbare Licht 150
Voll schlaff, der Salat! 152
Das Riesen-Ei 154
Ein flotter Flieger 156
Ein Seiltänzerclown 158
Warme und kalte Farben 160
Die kalte Nasenspitze 162
Um die Wette reifen 164
Ein U-Boot aus Orangen 166
Alles nur heiße Luft 168
Am langen Hebel 170
Milch macht Wasser blau 172
Schlag die Butter! 174
Ein Eiswürfelkran 176
Der Superdrink 178
Ein Wassermotor 180
Die schwarze Tomate 182
Wasserballett 184
Das Wasser am Spiegel 186
Eine Blumenspritze 188
Wasser steht kopf 190
Der Geist aus der Flasche 192
Der unmögliche Luftballon 194
Papier macht Krach! 196
Es zieht und flieht 198
Sauer macht – haltbar! 200
Lösch das Licht aus! 202
Der Druck aus der Flasche 204

Bildquellenverzeichnis 206

Ein Knoten aus Wasser

Du brauchst:

- eine Dose
- eine Prickelnadel (oder einen dicken Nagel)

Stich in die leere Dose einen Zentimeter über dem unteren Rand ein Loch. Lass dir dabei helfen! 2,5 Zentimeter daneben kommt das zweite Loch. Dann stichst du ein Loch genau in die Mitte zwischen beide Löcher und jeweils noch einmal dazwischen, bis du fünf Löcher dicht nebeneinander hast. Stelle die Dose unter einen offenen Wasserhahn. Aus jedem Loch kommt ein Strahl. Jetzt streiche mit dem Finger über die Löcher.

Was passiert?

Die Wasserteilchen bleiben aneinander kleben – die fünf Strahlen vereinen sich zu einem Knoten.

Warum sind Tropfen rund?

Die vielen winzigen Wasserteilchen ziehen sich wie Magneten gegenseitig an. Wenn sie einmal beieinander waren, wollen sie sich nie mehr loslassen. Das führt zur sogenannten Oberflächenspannung des Wassers – der „Haut“ des Wassers. Diese Haut ist auch der Grund dafür, dass Wassertropfen rund sind.

e 0,33 Liter
Erfrischungsgetränk
mit Zitronengeschmack
Zutaten: Wasser, Zucker,
Kohlensäure, Säuerungsmittel
Citronensäure, Aroma,
Säureregulator Natriumcitrate.
Mit Genehmigung von
© 2003
Line 0201/8212121
Mindestens
haltbar
bis Ende:
siehe
Dosenboden
FE

Das schnittfeste Papier

Du brauchst:

- eine gekochte Kartoffel
- ein Messer
- ein Blatt Papier

Schlage das Papier um die scharfe Kante des Messers. Dann drückst du mit dem Messer durch eine Kartoffel.

Was passiert?

Der Druck der Klinge wird über das Papier an die Kartoffel weitergegeben. Diese gibt nach, weil sie weicher ist als das Papier: Die Kartoffel wird durchschnitten, das Papier bleibt heil.

Der Nagel in der Wand

Du kannst einen Nagel nur dann in die Wand schlagen, wenn der Nagel härter ist als die Mauer. Jeder Heimwerker kennt das Problem, wenn eine Betonmauer zu stark ist: Der Nagel dringt keinen Millimeter in die Wand ein, sondern wird krumm.

Eine Knitterflasche

Du brauchst:

- eine Plastikflasche mit Schraubverschluss

Spüle die Plastikflasche mit heißem Wasser aus und verschließe sie sofort luftdicht. Anschließend legst du sie ins Eisfach und wartest ab.

Was passiert?

Die Luft in der Flasche kühlt ab und braucht weniger Raum. Nun drückt die Luft von außen auf die Flasche und presst sie zusammen.

Die Thermoskanne

Skifahrer nehmen gern warme Getränke mit auf die Piste. Wer jedoch die Thermoskanne über Nacht im Schnee vergisst, erlebt am nächsten Tag eine böse Überraschung. In der Kanne hat sich die warme Luft abgekühlt und sich daher zusammengezogen:
Es ist ein Unterdruck entstanden. Am nächsten Morgen finden sich nur noch Scherben in der Kanne.

Wo geht es zum Licht?

Du brauchst:

- ein Töpfchen mit Bohnensamen oder einer keimenden Kartoffel
- einen Karton und Pappstreifen
- Klebeband

Baue in dem Schuhkarton ein einfaches Labyrinth. Setze das Töpfchen an ein Ende des Kartons. Schneide an das andere Ende eine Öffnung und decke den Karton zu. Nun stellst du das Labyrinth ans Fenster, sodass Licht durch die Öffnung scheinen kann, und wartest einige Tage ab. Vergiss aber nicht, das Töpfchen von Zeit zu Zeit zu gießen!

Was passiert?

Der Keimling windet sich langsam durch das Labyrinth bis zur Öffnung hin – immer dem Licht entgegen.

Wachsen Pflanzen nach oben?

Zum Wachsen braucht eine Pflanze nicht nur Wasser, sondern vor allem Licht. Deswegen wachsen Pflanzen dorthin, wo es am hellsten ist, also normalerweise nach oben. Wenn der Weg dorthin nicht frei ist, winden sie sich so lange, bis sie ans Licht gelangen.

Ganz weiche Haut

Du brauchst:

- ein feines Maschengitter (zum Beispiel Kaninchenzaun)

Streiche rechts und links vom Gitter mit beiden Händen schnell auf und ab. Wie fühlt sich das an?

Was passiert?

Unser Gehirn verstärkt immer den Unterschied zwischen zwei gefühlten Dingen. Haut ist weich, Draht hart. Weil das Gehirn das verstärkt, fühlt sich die Haut ganz besonders weich an.

Taube Finger

Unsere Fingerspitzen sind hochempfindlich. Doch dazu müssen die Finger warm sein. Wenn du vom Schneeballwerfen eiskalte Finger hast, bist du kurze Zeit kaum in der Lage, mit deinen Fingerspitzen etwas Weiches von etwas Hartem zu unterscheiden.

Auf Rollen

Du brauchst:

- ein Buch
- runde Bleistifte
- einen Gummiring
- Klebestreifen

Klebe den Gummiring auf das Buch und versuche, es am Gummi über den Tisch zu ziehen. Klappt das? Wie lang wird das Gummi dabei? Nun legst du die Stifte unter das Buch und versuchst das Ganze noch einmal. Wie sehr dehnt sich das Gummi nun?

Was passiert?

Wenn das Buch direkt auf dem Tisch liegt, bremst die Reibung zwischen Buch und Tisch. Das Gummi wird sehr lang. Wenn die Stifte darunterliegen, gibt es nur wenig Reibung – die Roll-Reibung. Und plötzlich lässt sich das Buch ganz leicht ziehen!

Warum rollt das Fahrrad?

Schlechte Fahrräder erfordern viel Kraft beim Treten. Gute Fahrräder dagegen rollen leicht. Ein Grund dafür sind gute Kugellager, zum Beispiel im Tretlager, dort, wo die Pedale angebracht sind. Je besser das Kugellager ist, desto geringer die Reibung – und umso leichter rollt das Fahrrad!

99 ANTWORTEN AUF KINDER FRAGEN
99 Antworten auf Kinderfragen
gondolino

99 ANTWORTEN AUF KINDER FRAGEN
99 Antworten auf Kinderfragen
gondolino

Der dichte Strumpf

Du brauchst:

- einen Nylonstrumpf
- ein Glas mit Wasser

Ziehe den Strumpf fest über das Wasserglas. Dann drehst du das Glas über einem Waschbecken um.

Was passiert?

Die kleinen Wasserteilchen halten so fest zusammen, dass sie nicht einzeln durch die Löcher des Strumpfes schlüpfen können. Erst wenn du den Strumpf berührst, bleiben ein paar Wasserteilchen an deinem Finger hängen – und ziehen noch mehr Wasser hinter sich her.

Warum hält ein Zelt dicht?

Ein Zelt ist aus feinstem Gewebe aufgebaut. Wenn es gespannt ist, wird kein Wasser hindurchlaufen. Aber wehe, du berührst die Zelthaut von innen. Sofort dringt Wasser hinein!

Kalte Zwerge, warme Riesen

Du brauchst:
- einen Luftballon
- ein Maßband

Blase den Luftballon im Haus auf und lasse ihn in der Nähe einer Heizung für einige Zeit liegen. Lege das Maßband um den Ballon und miss seinen Umfang. Dann legst du den Ballon für einige Zeit in die Kälte nach draußen oder über Nacht ins Eisfach und misst noch einmal.

Was passiert?

Warme Luft braucht mehr Platz. Der warme Ballon ist daher größer. Bei Kälte schrumpft er.

Dichte Deckel

Beim Marmeladekochen nutzt man aus, dass kalte Marmelade weniger Platz braucht als warme. Die Marmelade wird so heiß wie möglich in die Gläser gefüllt und das Glas sofort verschraubt. Wenn die Marmelade abkühlt, zieht sie sich zusammen. So wird der Deckel ganz dicht auf das Glas gepresst. Das merkst du daran, dass der Deckel beim ersten Öffnen knackt.

60 61 62 63 64 65 66 67

Stehaufmännchen

Du brauchst:

- Luftballons
- Tonpapier

Schneide aus Tonpapier Füße. Bohre ein kleines Loch hinein. Dann bläst du einen Luftballon auf und steckst das Mundstück durch das Loch im Papierfuß. Wirf den Luftballon hoch.

Was passiert?

Auch wenn der Ballon einen Salto macht – er landet immer auf den Füßen. Denn der schwerste Teil des Ballons wird immer am stärksten nach unten gezogen.

Tiefer gelegt!

Bei Autos, besonders bei den Formel-1-Rennwagen, achtet man sehr darauf, den Schwerpunkt weit nach unten zu legen. Denn je tiefer der schwerste Teil des Autos ist, desto geringer wird die Gefahr, dass das Auto bei hoher Geschwindigkeit in den Kurven umkippt.

Licht hat viele Farben

Du brauchst:
- eine flache Schale
- einen Spiegel
- etwas Knete
- weißes Papier oder Pappe

Befestige den Spiegel mit Knete schräg am Rand der Schale. Fülle die Schale zwei Zentimeter hoch mit Wasser und lass Sonnenlicht auf den Spiegel fallen. Halte weißes Papier daneben.

Was passiert?

Die verschiedenen Farben des Lichts werden an der Wasseroberfläche aufgeteilt, „gebrochen“, sagt man. Und plötzlich erscheint auf dem Papier ein Regenbogen!

Welche Farben hat das Licht?

Sonnenlicht sieht für uns weiß aus. Aber eigentlich besteht es aus den Farben Rot, Orange, Gelb, Grün, Blau, Indigo und Violett. Diese verschiedenen Farben erkennst du auch, wenn du auf eine CD schaust. Denn auch die Schutzschicht der CD zerteilt das Licht.

Das Bild in der Luft

Du brauchst:

- eine Taschenlampe
- Papier
- Klebefilm
- eine Schere

Beklebe die Taschenlampe mit dem Papier, in das du vorher ein kleines Kreuz geschnitten hast. Wenn du eine LED-Lampe hast, leg darauf noch ein Blatt Papier – sonst kannst du deinen Augen schaden, wenn du direkt in die Lampe schaust! Schalte die Taschenlampe ein und schaue sehr konzentriert auf das Kreuz. Zähle dabei bis 30. Dann schaust du an eine weiße Wand und blinzelst.

Was passiert?

Der Teil deiner Sehzellen, der das Kreuz gesehen hat, ist völlig überreizt. Und so erscheint das Kreuz als „Nachbild“ an der Wand.

Es blendet!

Manche Autos haben falsch eingestellte Scheinwerfer. Den entgegenkommenden Fahrer trifft das Licht so direkt ins Auge. Für einen kurzen Moment ist er „geblendet“, das heißt: Er sieht das Nachbild dieses Scheinwerfers. Das ist sehr gefährlich, denn in dieser Zeit sieht er nicht deutlich genug.

ARE LOOKING

Der Vogel im Käfig

Du brauchst:
- ein Stück Pappe
- zwei Gummibänder

Male auf eine Seite der Pappe einen Vogelkäfig. Drehe den Karton um und male einen kleinen Vogel. Die Gummis befestigst du an den Seiten des Käfigs. Halte die Gummis an beiden Seiten fest und drehe den Karton dazwischen so lange, bis die Gummis mehrfach verdrillt sind. Nun lässt du los und spannst die Gummis.

Was passiert?

Der Karton dreht sich so schnell, dass sich auf einmal beide Bilder vermischen: Der Vogel ist im Käfig!

Viele Bilder – eine Bewegung

Kinos ersetzen seit einiger Zeit nach und nach ihre alten mechanischen Projektoren durch moderne Digital-Technik. Früher hat man ausschließlich mit Filmstreifen gearbeitet. Ein Filmstreifen besteht aus unzähligen nahezu identischen Einzelbildern. Mit bloßem Auge sind die Unterschiede zwischen den Bildern kaum zu erkennen. In einer Sekunde werden 24 Bilder gezeigt. Weil das so schnell geht, kannst du die einzelnen Bilder nicht mehr sehen und nimmst stattdessen eine Bewegung wahr.

Die Erbsen-Sprengung

Du brauchst:

- trockene Erbsen oder Linsen
- Gips
- einen Plastikbecher

Fülle den Plastikbecher zu einem Drittel mit Wasser. Dann gibst du so lange Gipspulver hinein, bis sich ein kleiner Gipsberg gebildet hat. Rühre kurz um und streue sofort eine Handvoll Erbsen oder Linsen hinein.

Was passiert?

Der Gips wird hart. Die Erbsen haben sich jedoch mit Wasser vollgesogen und quellen auf. Mit großer Kraft drücken sie sich durch den harten Gips hindurch – und der Becher platzt!

Die Sprengkraft von Wasser

Die große Sprengkraft des Wassers wird in Steinbrüchen ausgenutzt. Zunächst wird ein Stein mit der Säge angeritzt. Mit einem Hammer werden Holzkeile in den Spalt getrieben und mit Wasser aufgeschwemmt. Nach einiger Zeit bricht der Stein auseinander!

Mühle
Grüne
Erbsen
Erlesene Qualität
500 g
0,2 l
MODELL-
GIPS

Das kletternde Wasser

Du brauchst:

- zwei Gefäße
- einen Plastikschlauch (Baumarkt)

Stelle die Gefäße verschieden hoch nebeneinander. Fülle das obere Gefäß mit Wasser. Halte den Schlauch hinein und sauge daran, bis etwas Wasser kommt. Verschließe den Schlauch schnell mit dem Daumen und halte dieses Ende in das andere Gefäß. Jetzt nimm den Daumen vom Schlauch.

Was passiert?

Das Wasser steigt im Schlauch nach oben! Denn das Wasser am unteren Ende des Schlauches zieht das Wasser aus dem oberen Gefäß hinterher – selbst wenn es dabei erst nach oben steigen muss.

Wie wechselt man das Wasser im Aquarium?

Wer ein Aquarium besitzt, muss von Zeit zu Zeit altes Wasser herauslassen und neues hineingießen. Dazu nutzt man genau diesen Trick vom kletternden Wasser: Man steckt einen Schlauch ins Aquarium, saugt etwas Wasser an, stellt einen Eimer daneben – und lässt das Wasser einfach „hinausklettern“.

Ein Glas Luft, bitte!

Du brauchst:
- ein Gefäß mit Wasser
- zwei Gläser

Drücke ein Glas so ins Wasser, dass die Luft darinbleibt. Das andere Glas darf sich mit Wasser füllen. Halte nun das „Wasserglas" mit dem Ausguss nach unten. Bewege das Luftglas leicht schräg, so wie es auf dem Bild zu sehen ist.

Was passiert?

Die Luft steigt aus dem „Luftglas" nach oben in das Wasserglas!

Das Wasser in der Brille

Wer richtig tauchen will, muss zuvor einen Trick lernen: Wie entfernt man im Notfall unter Wasser das eingedrungene Wasser aus der Taucherbrille? Dazu muss der Taucher die Brille abziehen und von unten hineinblasen. So verdrängt er das Wasser aus der Brille.

Eine faule Münze

Du brauchst:

- ein Glas
- eine Spielkarte
- eine Münze

Lege die Karte mit der Münze auf das Glas. Wetten, du kannst die Münze ins Glas fallen lassen, ohne die Münze zu berühren? Du musst nur kräftig gegen die Karte schnippen oder sie mit einem kurzen Ruck wegziehen.

Was passiert?

Wenn du die Karte wegschnippst oder mit einem kurzen Ruck wegziehst, bewegt sich die Münze nicht mit. Denn die Münze ist faul – man spricht hier von „Trägheit“. Sie braucht ein bisschen, um sich in Bewegung zu setzen. Doch dann ist es bereits zu spät: Die Karte ist weg – und die Münze fällt ins Glas!

Unbedingt festhalten!

Alle Körper sind faul – das hat der Wissenschaftler Isaac Newton herausgefunden. Deswegen kippt man auch so leicht nach hinten, wenn der Bus anfährt und man sich nicht festgehalten hat.

Ein Spiegel aus Wasser

Du brauchst:

- eine Taschenlampe
- schwarzes Tonpapier
- ein großes Glas mit Wasser und Milch

Klebe das Tonpapier vor die Taschenlampe, sodass ein Schlitz zu sehen bleibt. Richte diesen dünnen Strahl in einem abgedunkelten Zimmer schräg von unten gegen die Wasseroberfläche. Das geht leichter, wenn das Wasserglas auf einem Bücherstapel steht. Gib wenige Tropfen Milch in das Wasserglas.

Was passiert?

Der Lichtstrahl wird von der Wasseroberfläche zurückgeworfen. Du kannst den Lichtstrahl genau beobachten. Und wenn du auf die andere Seite guckst, erkennst du deutlich den gespiegelten Lichtstreifen.

Im Sommer am See

Das ist dir bestimmt auch schon aufgefallen: Wenn du im Sommer in einem Boot draußen auf dem See bist, wirst du viel schneller braun. Denn die Wasseroberfläche wirft die heißen Sonnenstrahlen noch einmal zu dir zurück – du bekommst sie also zweimal ab.

Warm oder kalt?

Du brauchst:
- eine Schüssel mit sehr warmem Wasser
- eine Schüssel mit kaltem Wasser
- eine Schüssel mit lauwarmem Wasser

Tauche eine Hand in das kalte Wasser, die andere in das sehr warme Wasser. Warte mindestens eine Minute. Nun tauche beide Hände gleichzeitig in die Schüssel mit lauwarmem Wasser.

Was passiert?
Obwohl beide Hände in derselben Schüssel sind, meint die eine Hand, dass das Wasser warm ist, die andere, dass es kalt ist.
Das liegt daran, dass sich deine Hände an die beiden sehr unterschiedlichen Wassertemperaturen gewöhnt hatten.
Beim Eintauchen in das lauwarme Wasser spüren sie jetzt nur, ob das Wasser wärmer oder kälter als vorher ist.

Eine kalte Dusche
Im ersten Moment kann der Sprung ins Schwimmbadwasser ganz schön kalt sein. Da hilft eine kalte Dusche! Anschließend fühlt sich jedes Wasser wohlig warm an.

Die unmöglichen Gabeln

Du brauchst:
- zwei Kuchengabeln
- eine Münze
- ein Glas

Stecke die Münze zwischen die zwei Gabeln. Dann legst du diese Konstruktion vorsichtig auf den Rand eines Glases. Du brauchst dazu ganz ruhige Hände.

Was passiert?

Es ist kaum zu glauben – aber die Gabeln und die Münze hängen neben dem Glas! Das liegt daran, dass sich der Schwerpunkt der Konstruktion genau an dem winzigen Teil der Münze befindet, der auf dem Glasrand liegt.

Balance-Spiel

Du kennst vielleicht das Spiel, bei dem man kleine Holzstühle so aufeinander stapeln soll, dass möglichst hohe Türme dabei entstehen. Der Trick ist auch hier, dass die Stühle genau in der Balance sein müssen – sodass der Schwerpunkt über der Standfläche liegt.

Das magische Ei

Du brauchst:

- ein Glas mit Wasser
- ein frisches Ei
- Salz

Rolle das Ei vorsichtig in ein Glas mit Wasser. Noch liegt das Ei auf dem Boden des Glases. Schütte nun eine Handvoll Salz ins Glas und warte einen Moment.

Was passiert?

Wenn du Salz in Wasser löst, wird das Wasser schwerer. Deswegen gehen Gegenstände, die auf dem Wasser liegen, nicht mehr so leicht unter. Da das salzige Wasser in deinem Glas schwerer ist als das Ei, schwimmt das Ei oben auf dem Wasser.

Das Tote Meer

Das Tote Meer ist sehr salzhaltig. Deswegen kann man dort auf der Oberfläche treiben, ohne paddeln zu müssen. Auch in der salzigen Nordsee kannst du leichter schwimmen als im Süßwasser-Bodensee.

SALZ
JOD + FLUORID

Das Luftkissenboot

Du brauchst:

- einen Plastikbecher
- den Deckel einer Verpackung

Schneide den Boden des Bechers heraus. In den Verpackungsdeckel schneidest du eine Öffnung, gerade so groß, dass der Becher hineinpasst. Lass dir dabei helfen. Jetzt bläst du von oben in den Becher hinein.

Was passiert?

Die Luft versucht unten aus der Packung zu entweichen – und hebt so dein „Boot" hoch.
Bastelt zwei Boote – und macht ein Wettrennen!

Hovercrafts

Luftkissenfahrzeuge, auch Hovercrafts genannt, zählen zu den einzigen Fortbewegungsmitteln der Welt, die sich in Eis- und Sandwüsten genauso schnell und sicher bewegen wie auf hoher See. Auf ihren Luftkissen werden sie bis zu 130 Stundenkilometer schnell!

Das mutige Pendel

Du brauchst:

- einen Ball an einer Schnur

Befestige die Schnur an der Decke oder dem Türrahmen, sodass der Ball frei schwingen kann. Ziehe ihn zu dir. Wenn möglich, lehne deinen Kopf an die Wand. Dann hältst du den Ball genau an deine Nase und lässt ihn los – bewege dich nicht, es kann dir nichts passieren!

Was passiert?

Der Ball kommt zwar wieder zurück – da er aber durch die Luft etwas abgebremst wird, wird er nie mehr bis zu deiner Nase zurückkehren. Daran ist der „Luftwiderstand" schuld.

Radeln gegen den Wind

Radfahren kann ganz schön anstrengend sein. Vor allem, wenn ein heftiger Gegenwind weht. Da kommt man manchmal kaum vom Fleck. Aber auch sonst gilt: Die meiste Kraft (mehr als die Hälfte!) beim Radeln brauchst du, um den Luftwiderstand zu überwinden.

Der Trick mit dem Knick

Du brauchst:

- einen Trinkhalm
- ein Glas mit Wasser
- etwas Salatöl

Stecke einen Trinkhalm in das Wasserglas und betrachte das Glas von der Seite.
Dann gießt du vorsichtig etwas Salatöl in das Glas – es wird oben auf dem Wasser schwimmen. Wie sieht der Trinkhalm jetzt aus?

Was passiert?

In dem Glas gibt es jetzt zwei verschiedene „Grenzen“: zwischen Luft und Öl und zwischen Öl und Wasser. An jeder Grenze wird das Licht abgelenkt, „gebrochen“, sagen die Fachleute. Der Trinkhalm erscheint daher für uns an diesen Grenzen geknickt.

Treffsichere Schützenfische

Schützenfische, Bewohner Südostasiens, schießen Insekten mit einem gezielten Wasserstrahl ab. Dabei müssen sie beachten, dass ihre Beute nicht dort ist, wo sie „von unter Wasser“ zu sehen ist, sondern etwas „um die Ecke geknickt“. Junge Fische müssen das erst lernen.

Rot wird Gelb

Du brauchst:

- ein Blatt
- verschiedene Farbstifte

Schreibe auf ein Blatt Farbwörter in den richtigen Farben. Dann schreibst du Unsinnswörter. In die dritte Spalte kommen Farbwörter, in der falschen Farbe geschrieben. Nun lass einen Erwachsenen die Farben aufsagen, in denen du die Wörter geschrieben hast (nicht die Wörter!).

Was passiert?

Am Anfang ist das kein Problem, auch bei den Unsinnswörtern nicht. Doch bei der dritten Spalte gerät der Leser ins Stocken: Er beginnt nach kurzer Zeit, das Wort zu lesen – nicht die Farbe zu beschreiben. Denn das Gehirn von geübten Lesern erfasst automatisch die Worte schneller als die Farbe, in der sie geschrieben stehen.

So wirkt Werbung

Wir sind gewöhnt, sofort alles zu lesen, was wir sehen. Das nutzt die Werbeindustrie aus. Werbung würde uns weniger beeinflussen, wenn wir nicht so schnell lesen könnten.

Rot Ikas Blau
Gelb Ekur Violett
Grün Alim Gelb
Blau Lalef Rot
Violett Meli Grün

Das Rennen der Wassertiere

Du brauchst:
- eine Schale mit Wasser
- Spülmittel
- Büroklammern
- Alufolie

Wickle eine Büroklammer in ein kleines Stück Alufolie ein und forme kleine Beinchen. Setze dein Wasserinsekt vorsichtig auf die Wasser-Oberfläche. Gib nun einen Tropfen Spülmittel direkt hinter das Insekt. Wenn du den Versuch wiederholen willst, brauchst du frisches Wasser.

Was passiert?
Dort, wo das Spülmittel auf das Wasser trifft, reißt die Wasserhaut auf. Blitzschnell schießen die Alutierchen mit dem Riss über das Wasser.

Wie rennt der Wasserläufer?
Hast du einen Wasserläufer an einem Teich beobachtet? Sie können auf dem Wasser laufen und schießen manchmal blitzschnell vorwärts. Aus ihrem Hinterteil geben sie einen kleinen Tropfen einer seifenähnlichen Flüssigkeit auf die Wasseroberfläche. Die Haut des Wassers reißt genau an dieser Stelle auf – und schießt so den Wasserläufer nach vorne!

Eine Wasserlupe

Du brauchst:

- eine Postkarte
- durchsichtige Folie
- Klebeband

Schneide aus der Postkarte eine Lupenform. In die Mitte schneidest du ein Loch. Über das Loch klebst du eine Folie und ziehst sie glatt. Lass vorsichtig mehrere Wassertropfen auf dieses Loch fallen, bis sich ein kleiner Wasserberg bildet. Schau dir nun eine Zeitung durch den Wassertropfen an.

Was passiert?

Der Tropfen ist geformt wie ein Vergrößerungsglas. Plötzlich sehen alle Buchstaben größer aus!

Blumengießen verboten!

Weil Wassertropfen wie Vergrößerungslinsen wirken, darf man im Sommer tagsüber bei strahlendem Sonnenschein nicht gießen. Denn die Blätter, auf denen die Tropfen landen, werden durch diese „Wasserlupen" von der Sonne sonst richtig verbrannt.

… kirchlichen
…ntagmorgen eingetroffen. Sowohl
…n Münster als auch aus Stamberg.

Nach einem anständigen Frühstück auf dem Zimmer mit zwei Tageszeitungen widmete Van Veeteren sich eine vormittägliche Stunde lang dem Material, das er in Sorbinowos Polizeirevier sitzend, durchging …

Gleichzeitig überlegte …

Soweit überhaupt …
…luuge hatte er nac… …ollte.
…hwangere Ehefra… …ürde.
…r Nacht etwas u… …ine
Der Hauptkom… …in
…ke gewandert u…
Polizeichef M… …ne
…nerträglich sein … …er
…ein Pardon, trotz … …ld
…gab

Das Reine Leben nu… …di-
…er konnte man geteilter Me…
…ar Jellinek war 1942 in Groenstad…
…gie studiert und 1971 seine Priesterp…
…t. Er war als Seelsorger und Hilfspredig…
…tzend verschiedener Orte tätig gewesen, …
1984 lossagte und die freie Gemeinde (die…
Das Reine Leben gründete. Mit dem Haupts…

Ein Fallschirm

Du brauchst:

- ein Küchentuch
- Faden
- Klebefilm
- Büroklammern

Klebe vier Bindfäden mit Klebefilm an die Ecken des Küchentuchs. Verknote sie unten und beschwere sie mit Büroklammern. Nun lass den Fallschirm schweben.

Was passiert?

Das Küchentuch schwebt!

Gleitschirm

Genauso wie dein Fallschirm gleiten auch Gleitschirmflieger wie auf einem Luftpolster ins Tal. Je größer der Schirm, desto ruhiger ist der Flug.

Brot wird süß

Du brauchst:

- eine Scheibe Brot

Nimm einen Bissen Brot in den Mund und kaue darauf herum, bis es durch und durch eingespeichelt ist. Kaue nun noch ein Weilchen weiter und schmecke ganz genau, wie sich der Geschmack verändert.

Was passiert?

Nach und nach schmeckt das Brot immer süßer. Das Mehl im Brot besteht zum größten Teil aus Stärke und die ist aus vielen Zuckerketten aufgebaut. Der Speichel knackt die Stärke und befreit so den Zucker.

Vom Mund zum Bauch

Die Nahrung, die du zu dir nimmst, wird auf dem Weg durch den Körper in kleinste Bestandteile zerlegt. Im Mund geschieht der erste Schritt der Verdauung. Im Magen und Darm sind andere Spaltwerkzeuge, sogenannte Enzyme, an der Arbeit.

Eine Mini-Explosion

Du brauchst:

- Streichhölzer
- eine Lupe
- einen Marmeladenglasdeckel
- etwas Knete

Befestige drei Streichhölzer mithilfe der Knete so in einem Deckel, dass sich die Köpfchen berühren. Richte die Sonnenstrahlen mit der Lupe genau auf die Köpfchen. Nun musst du eine Weile warten.

Was passiert?

Die Strahlen der Sonne erwärmen langsam die Streichholzköpfchen. Nach einiger Zeit werden sie so heiß, dass sie entflammen.

Gefährlicher Sonnenbrand

Die Strahlen der Sonne enthalten nicht nur Licht, sondern auch viel Energie. Diese Energie ist so stark, dass sie nicht nur Streichholzköpfchen verbrennen kann, sondern auch deine Haut. Deswegen bekommst du, wenn du nicht vorsichtig bist, einen Sonnenbrand.

Das soll Orangensaft sein?

Du brauchst:

- eine Zahnbürste
- Zahnpasta
- ein Glas Orangensaft

Putze dir sehr sorgfältig die Zähne. Um den Effekt zu verstärken, putze dir mit der Zahnbürste auch über die Zungenspitze. Dann probierst du den Orangensaft. Wie schmeckt er?

Was passiert?

An der Zungenspitze schmecken wir „süß", an den Zungenrändern „sauer" und „salzig", hinten „bitter". Beim Zähneputzen betäubt die Zahnpasta die vorderen „süßen" Rezeptoren. Wenn du Orangensaft trinkst, erkennt die Zunge kein „Süß" mehr, sondern nur den bitteren Geschmack.

Was schmeckt „scharf"?

„Scharf" ist kein Geschmack! Auf der Zunge gibt es auch Nervenzellen, die Temperatur messen. Sie warnen uns, wenn etwas zu heiß ist. Diese Nerven werden auch gereizt, wenn etwas scharf ist. Die Zunge meldet: Verbrannt! Leuten, die viel scharf essen, machen auch heiße Getränke wenig aus. Sie sind das gewöhnt.

Der Eier-Frische-Test

Du brauchst:

- ein frisches Hühnerei (nicht älter als sechs Tage, im Kühlschrank gelagert)
- ein altes Hühnerei (älter als sechs Tage, am besten bei Zimmertemperatur gelagert)
- ein Glas mit kaltem Wasser

Lege je ein Ei in das mit Wasser gefüllte Glas. Siehst du den Unterschied?

Was passiert?

Am stumpfen Ende vom Ei ist eine Luftblase. Je älter das Ei ist, desto größer wird sie. Das alte Ei neigt sich daher schräg nach oben. Das frische Ei bleibt unten. Spätestens, wenn ein Ei an der Oberfläche schwimmt, ist es ungenießbar!

Ein Frischebeweis

Lässt sich ein hart gekochtes Ei schlecht pellen, so ist es frisch. Lässt sich die Schale jedoch mühelos abziehen, so ist das Ei schon etwas älter.

Der Wasserberg

Du brauchst:
- ein Glas mit Wasser
- viele Münzen

Fülle das Glas bis zum Rand mit Wasser. Nun lass ganz langsam eine Münze nach der anderen in das Glas gleiten.

Was passiert?
Die winzigen Wasserteilchen kleben an der Oberfläche des Wassers ganz fest zusammen. So fest, dass sie sich wie ein dichtes Netz über das Wasser darunter spannen. Diese „Haut" ist so stark, dass das Wasser darunter nicht über den Rand hinausfließen kann. Deswegen wölbt sich das Wasser langsam wie ein Berg über dem Glas.

Ein Bauchklatscher!
Hast du im Schwimmbad schon einmal einen „Bauchklatscher" gemacht? Das klatscht deswegen so, weil du mit viel Schwung auf die Wasserhaut triffst. Durch die Kraft deines Aufpralls zerreißt diese Haut – das ist ganz schön laut!

Tanzende Münzen

Du brauchst:

- eine leere Flasche
- eine 50-Cent-Münze

Lege eine leere Flasche für einige Zeit in den Kühlschrank. Wenn du sie herausholst, feuchtest du die Öffnung an und verschließt sie sofort mit der Münze. Nun legst du deine Hände an die Flasche und wartest.

Was passiert?

Die kalte Luft in der Flasche wird durch deine Hände erwärmt, dehnt sich aus und will aus der Flasche hinaus. Nach kurzer Zeit beginnt daher die Münze wie von Geisterhand zu tanzen. Manchmal springt sie sogar hinunter!

Ein Pfeifkessel

In manchen Haushalten ist noch ein Pfeiftopf zu finden. Wenn der Dampfdruck im Topf groß genug ist, sucht der Dampf einen Ausgang. Die Öffnung dieser Töpfe enthält eine kleine Pfeife. Sobald also das Wasser kocht und die heiße Luft nach oben drückt, ist das unüberhörbar!

Kraft durch Wasser

Du brauchst:

- einen Plastikschlauch
- zwei Ballons (Wasserbomben)
- zwei Plastikflaschen
- zwei Gläser

Bohre in beide Flaschen unten ein Loch und schneide den Flaschenhals ab. Stecke einen Ballon auf den Schlauch und fülle den Schlauch und den Ballon mit Wasser. Dann legst du den Ballon in eine Flasche, führst den Schlauch durch das Loch hinaus und in die andere Flasche hinein. Fülle auch den zweiten Ballon mit Wasser und stülpe ihn über das andere Ende des Schlauchs. Setze beide Gläser auf die Ballons. Drücke nun auf ein Glas.

Was passiert?

Das Wasser schiebt sich durch den Schlauch in den anderen Ballon hinein – und das andere Glas wird nach oben geschoben.

Hydraulik

Bagger arbeiten mit solchen „hydraulischen" Kräften – nur nicht mit Wasser, sondern mit anderen Flüssigkeiten. An einer Stelle wird durch eine Art Spritze Druck auf die Flüssigkeit ausgeübt. Diese wird durch die Stangen zur Schaufel gepumpt und kann dort große Lasten bewegen.

Licht zum Ausgießen

Du brauchst:

- eine Blech- oder Getränkedose
- eine Taschenlampe
- eine Prickelnadel
- etwas Knete

Bohre mit der Prickelnadel ein Loch unten an die Seite der Blechdose. Lass dir dabei helfen. Verschließe das Loch mit Knete. Nun gieße Wasser in die Dose und stelle die Dose an den Rand eines Waschbeckens. Halte die Taschenlampe oben an die Öffnung der Dose und entferne die Knete.

Was passiert?

Die Wassertropfen wirken wie tausend kleine Spiegel und halten das Licht so im Strahl gefangen. Wenn es ausreichend dunkel ist, leuchtet der Wasserstrahl – und das sogar im Waschbecken! Dort, wo der Strahl austritt, ist ein heller Punkt zu sehen.

Licht durch Glasfaserkabel

Licht kann durch Wasser und auch durch feinste Glaskabel wandern. Das nutzt die Medizin aus. Um in den Magen zu leuchten, wird nur ein Glasfaserkabel eingeführt, die Lampe bleibt außen. Das Licht wandert im Kabel um alle Windungen hinein in den Magen.

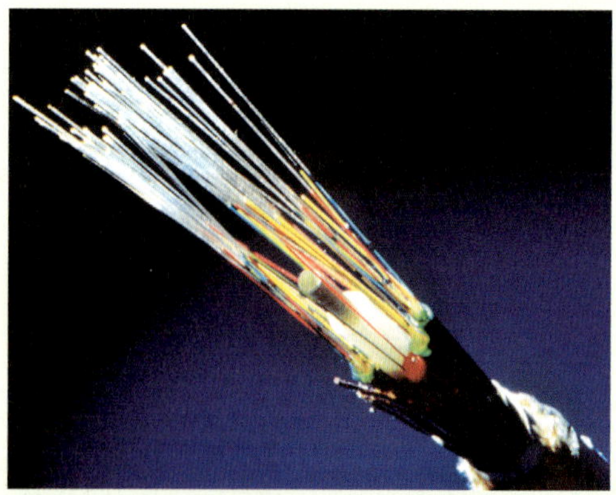

MIT HASELNUSS
Nettogewicht: 400g e

Ein Loch in der Hand

Du brauchst:

- ein Blatt Papier, zu einer Röhre gerollt

Halte die Röhre vor ein Auge und fahre mit der ausgespreizten Hand an der Röhre entlang immer näher zu deinem Auge. Schaue dabei unbedingt mit beiden Augen!

Was passiert?

Auf einmal siehst du, wie deine Hand ein Loch bekommt. Je näher du dem Auge kommst, desto mehr rutscht dieses Loch in die Mitte der Hand.

Kino in 3-D!

Unsere beiden Augen nehmen unterschiedliche Dinge wahr. Das Gehirn fügt die beiden Bilder jedoch zu einem einzigen Sinneseindruck zusammen. 3-D-Filme nutzen das. Jedes Auge bekommt durch die farbigen Brillen einen anderen Film zu sehen. Im Gehirn wird daraus ein einziger Film: ein dreidimensionaler Film.

Racing Sport

3, 2, 1 Start!

Du brauchst:

- eine Plastikflasche mit Schraubverschluss
- zwei Trinkhalme (verschieden dick)
- Knete

Bohre ein Loch in den Schraubverschluss, gerade so groß, dass der dünnere Trinkhalm hindurchpasst. Lass dir dabei helfen! Dichte das Loch mit Knete ab. Schneide von dem dicken Trinkhalm ein kurzes Stück ab und verschließe ein Ende mit Knete. Stecke es auf den dünnen Halm. Dann drückst du die Flasche zusammen.

Was passiert?

Die Luft in der Flasche wird zusammengepresst und will sich ausdehnen: Der Druck schießt den oberen Strohhalm durch den Raum!

Kirschkern-Weitspucken

Die höchste Weite beim Kirschkernspucken erzielt, wer viel Luft im Mund zusammenpressen kann. Wer es dann schafft, diese Luft in einem ganz kurzen Moment auf einmal freizulassen, schickt den Kirschkern auf einen langen Flug.

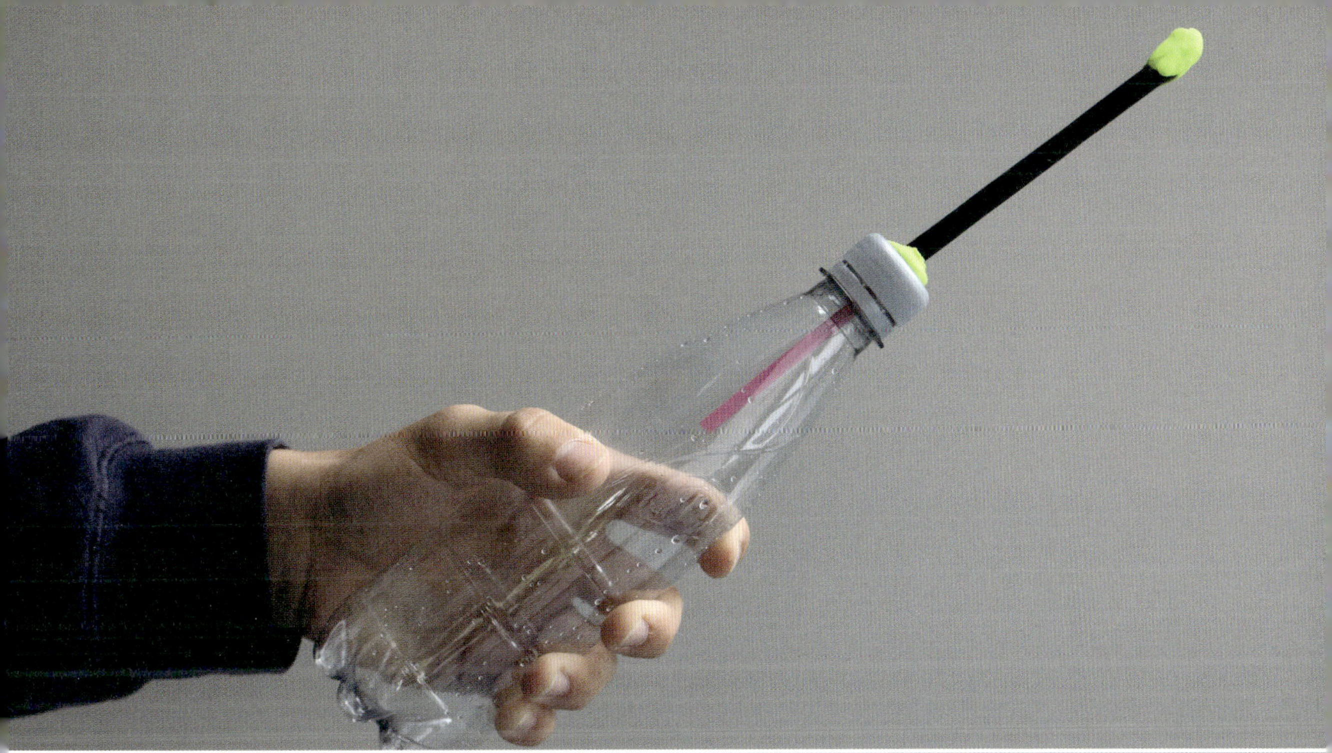

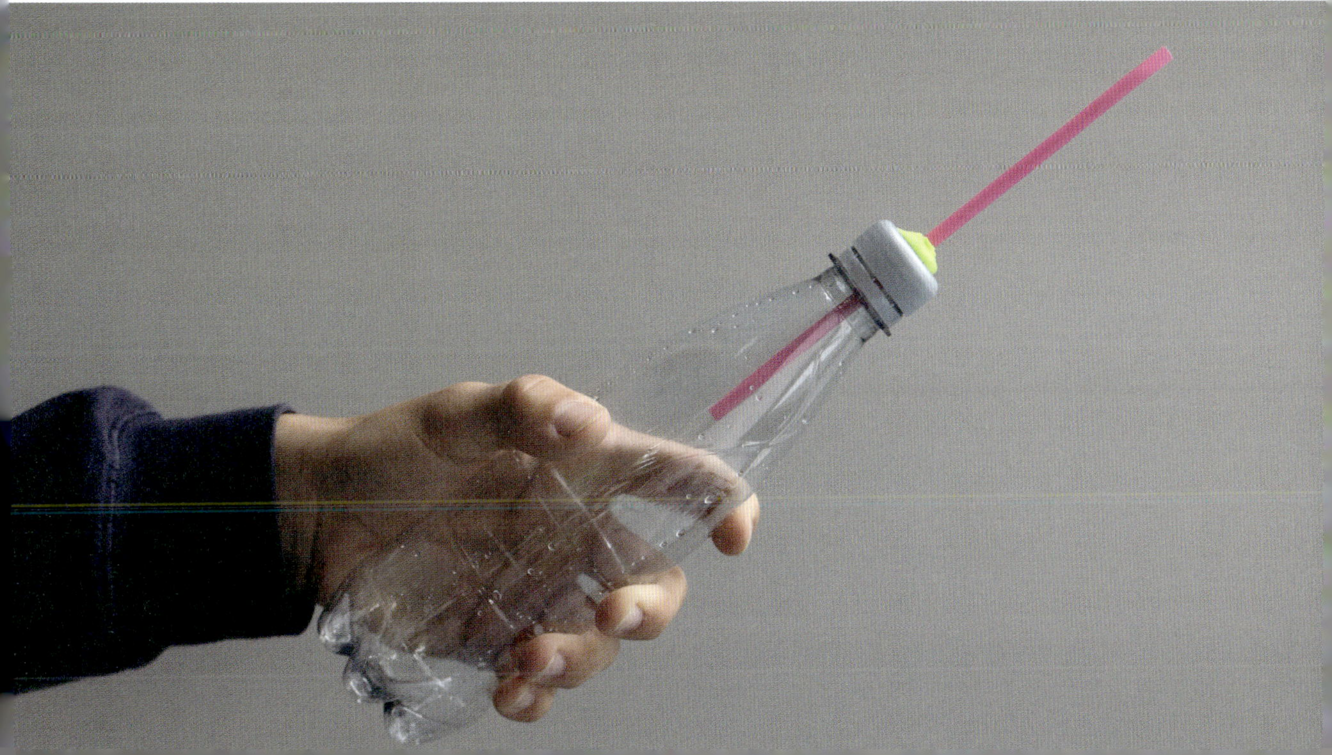

Der wandernde Draht

Du brauchst:

- Eiswürfel
- eine Flasche mit Korken
- einen dünnen Draht
- zwei Tassen

Lege den Eiswürfel auf die Flasche. Befestige an dem Draht zwei gleich schwere Gegenstände – vielleicht zwei Tassen. Dann hängst du den Draht über den Eiswürfel und stellst das Ganze möglichst bei Frost ins Freie.

Was passiert?

Durch den Druck der Gewichte schmilzt das Eis unter dem Draht. Daher sinkt der Draht tiefer in das Eis hinein. Gleich über dem Draht gefriert das Eis wieder – der Draht wandert durch den Eiswürfel!

Warum können wir Schlittschuh laufen?

Wasser hat eine seltsame Eigenschaft: Bei höherem Druck schmilzt das Eis. Keine andere Flüssigkeit verhält sich so! Wir können also nur auf Wasser-Eis Schlittschuh laufen. Durch unser Gewicht schmilzt für einen ganz kurzen Moment das Eis unter den Kufen. Auf diesem Wasserfilm können wir gleiten.

Starker Atem

Du brauchst:

- einen Luftballon
- Bücher, Spielzeugautos usw.

Lege einen unaufgeblasenen Luftballon unter ein Buch oder ein Spielzeugauto. Blase nun den Ballon auf.

Was passiert?

Das Buch oder das Auto lassen sich ganz einfach hochheben.
Der Versuch gelingt leichter, wenn du den Ballon vorher schon einmal zum Test aufgeblasen hattest.

Wagenheber mit Luft

Mit der Kraft der Luft arbeiten viele Wagenheber. Die Druckluft schießt in die Zylinder und hebt das Auto ohne Mühe hoch.

Die Kraft des Bogens

Du brauchst:

- mehrere Bögen Papier
- mehrere Bücher
- Spielzeugauto oder Becher

Lege ein Papier zwischen zwei Bücherstapel und stelle ein Spielzeugauto oder einen Becher darauf. Die „Brücke" stürzt sofort ein. Dann biegst du ein Papier zu einem Bogen und schiebst diesen Bogen unter die Papierbrücke. Nun stellst du das Gewicht wieder darauf.

Was passiert?

Die Brücke biegt sich nur ganz leicht durch – sie bleibt stehen! Das ist ein Gesetz der Statik: Das Gewicht des Spielzeugs wird auf den Bogen verteilt und der leitet das Gewicht sofort über die Seiten nach unten.

Kraftvolle Bögen

Schau dir einmal die großen gotischen Kathedralen an. Es scheint so, als ob die bunten Fenster das Gewicht der Wände tragen müssten. Das stimmt aber nicht. Denn die spitzen Bögen leiten alle Kraft um das Fenster herum in die Säulen hinein.

18

18

Der Strahl in der Kiste

Du brauchst:

- einen Karton
- ein großes Wasserglas
- eine Taschenlampe

Schneide an eine Seite des Kartons dicht nebeneinander zwei verschieden große Schlitze. Stelle das Wasserglas in die Kiste nahe an die Schlitze. Leuchte mit der Taschenlampe durch die Schlitze hindurch. Verändere den Platz des Wasserglases.

Was passiert?

Du kannst den Strahlengang genau verfolgen. Er wandert durch das Glas und überkreuzt sich dahinter! An der hinteren Wand erkennst du die zwei Schlitze wieder. Aber sie sind genau vertauscht! Und je nachdem, wo das Glas steht, sind sie schärfer oder verwischt.

Wie arbeitet ein Diaprojektor?

Bis vor einigen Jahren haben vor allem fotobegeisterte Privatleute ihre Fotos Freunden noch auf Dia-Abenden vorgeführt. Zum Vorführen der Dias benutzte man Diaprojektoren, in denen eine Linse steckt. Auch diese verdreht die Strahlen. Deswegen steckt das Dia immer seitenverkehrt und auf den Kopf gestellt im Projektor. Und durch das Drehen an der Linse wird diese nach vorn oder hinten verschoben – und das Bild wird schärfer.

Wer fährt?

Blicke an einem Bahnhof aus dem Zug auf den Zug gegenüber. Plötzlich fährt der Zug auf dem Nachbargleis los. Oder ist es dein eigener Zug?

Was passiert?

Dein Gehirn weiß, dass du dich bewegst, wenn sich deine Muskeln bewegen. Aber auch dein Auge meldet „Bewegung“: dann, wenn sich die Landschaft vor dem Auge bewegt. Und genau das Problem tritt am Bahnhof auf: Das Bild vor deinem Auge bewegt sich. Für kurze Zeit bist du dir daher nicht sicher, welcher Zug fährt, da du die Bewegung selbst noch nicht spürst. Erst wenn du auf den Bahnsteig blickst oder einen Strommast entdeckst, kannst du dir sicher sein.

Beim Autofahren

Wenn du im Auto sitzt, sieht dein Auge, dass sich die Landschaft bewegt. Dein Gehirn schließt daraus: Du bewegst dich! Aber dein Körper sagt: Du sitzt ruhig und bewegst dich nicht. So kommen unterschiedliche Meldungen an dein Hirn und dir wird von dem Chaos manchmal schlecht …

2
2

Grüne Kartoffeln

Du brauchst:

- vier Kartoffeln
- zwei Teller
- etwas Zeit und Geduld

Lege je zwei Kartoffeln auf einen Teller. Stelle einen Teller an einen kühlen, trockenen und vor allem dunklen Ort (z.B. im Keller). Den anderen Teller bewahrst du bei Tageslicht im warmen Zimmer auf der Fensterbank auf.

Was passiert?

Die Kartoffeln am Licht beginnen zu keimen. Sie bekommen grüne Stellen und aus den „Augen“ wachsen Triebe.

Der Kartoffelkeller

Werden Kartoffeln zu hell und zu warm gelagert, dann keimen sie, die Knollen können faulen und sie bekommen grüne Stellen. Kleinere grüne Stellen und „Augen“ kann man wegschneiden, aber bei großen grünen Stellen sollte man die Kartoffel lieber wegwerfen. Ideal ist daher ein dunkler, kühler Keller als Aufbewahrungsort.

Das Rätsel der Eisberge

Du brauchst:

- Wasserbomben (kleine Luftballons)
- ein großes Gefäß mit Wasser

Fülle einige Wasserbomben mit Wasser und friere sie ein. Dann befreist du die Eisbomben aus dem Gummi und lässt sie in das Gefäß mit Wasser gleiten.

Was passiert?

Die großen Eisbomben schwimmen! Der Großteil des Eises ist allerdings unter dem Wasser, nur wenig ragt heraus. So eine Eisbombe ist übrigens ein toller Gag für den Getränkekrug einer Sommerparty!

Gefährliche Eisberge

Wasser hat eine seltsame Eigenschaft: Wenn es gefriert, wird es leichter. Deswegen schwimmen Eisberge auf dem Wasser. Weil der Großteil des Eisbergs jedoch unter der Wasseroberfläche ist, kann das für die vorbeifahrenden Schiffe gefährlich werden.

Luft als Klebstoff

Du brauchst:

- einen Luftballon
- eine Tasse

Halte einen Luftballon in eine Tasse und blase ihn auf. Wenn du nicht mehr weiterblasen kannst, hebst du den Luftballon hoch.

Was passiert?

Der Luftballon hält ohne Probleme die Tasse fest – sie wird nicht hinunterfallen.

Saugnäpfe

Die „Klebstoffkraft“ der Luft wird bei vielen Halterungen ausgenutzt. Im Badezimmer zum Beispiel werden oft Handtücher oder Waschlappen an Saughaken gehängt.

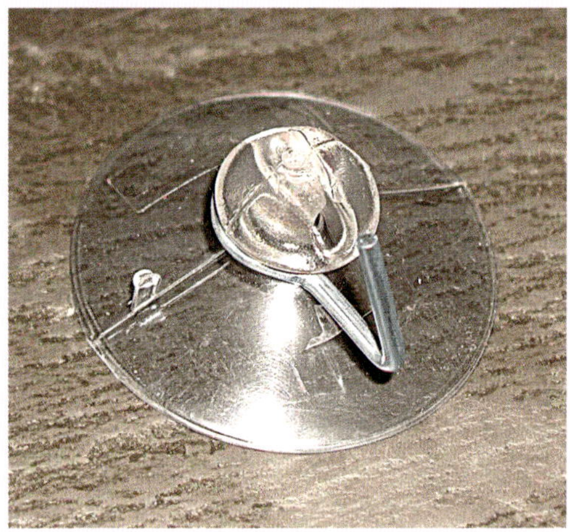

Voll starke Eier

Du brauchst:

- mehrere halbe Eierschalen
- Bücher

Säubere die Eierschalen so, dass der Rand möglichst glatt ist, und lege sie mit dem Rand nach unten auf den Tisch. Nun stellst du Bücher darauf. Wie viele Bücher kannst du daraufstellen, bevor die Schalen zerbrechen?

Was passiert?

Du kannst überraschend viele Bücher nehmen – die Eierschalenbögen sind stark! Kaum pikst du eine Eierschale aber von innen an, geht sie ganz schnell kaputt.

Ein sicheres Zuhause

Wenn eine Henne Eier ausbrütet, ist es wichtig, dass die Eier nicht so schnell kaputtgehen. Denn sie müssen das Gewicht der Henne aushalten. Sobald die Küken aber schlüpfen wollen, sollte das einfach gehen – von innen lassen sich die Schalen daher schnell zerbrechen.

Eine Sommeruhr

Du brauchst:
- einen langen Stock
- mehrere kurze Stöcke
- eine lange Schnur

Stecke früh am Morgen den langen Stock in die Erde. Warte bis zu einer vollen Stunde (9 Uhr oder 10 Uhr). Dort, wo dann das Ende des Stockschattens hinfällt, steckst du ein kurzes Stöckchen in den Boden und schreibst die Uhrzeit darauf. Binde eine Schnur zwischen die beiden Stöcke. Wiederhole diesen Schritt alle ein bis zwei Stunden, bis die Sonne untergeht.

Was passiert?
Weil der Schatten jeden Tag auf die gleiche Stelle fällt, kannst du am nächsten Tag ganz genau sagen, wie viel Uhr es ist – wenn du auf deine Sonnenuhr schaust!

Warum drehen sich Uhrzeiger rechts herum?
Der Schatten der Sonnenuhr wandert im Kreis herum: und zwar rechts herum. Sonnenuhren sind die ältesten Uhren der Menschen. Die ersten mechanischen Uhren sollten Sonnenuhren nachahmen. Daher ließen die Erbauer auch hier die Zeiger rechtsherum laufen – im (Sonnen-)Uhrzeigersinn.

Akustische Täuschung

Du brauchst:

- ein Saiteninstrument

Zupfe immer abwechselnd zwei Saiten. Eine Saite sollte tiefer klingen als die andere. Stimme diese tiefe Saite langsam, bis der Ton immer höher wird. Zupfe dabei beide Saiten weiter abwechselnd. Was passiert, wenn beide Saiten fast gleich klingen?

Was passiert?

Wenn die Saiten sehr unterschiedlich sind, hörst du deutlich zwei verschiedene Töne. Wenn sie fast gleich sind, erklingt ein einziger an- und abschwellender Ton. Erst wenn beide Saiten exakt gleich gestimmt sind, erklingt nur ein einziger reiner Ton.

Das Stimmen der Instrumente

Den Effekt der akustischen Täuschung nutzen Saitenspieler, um ihre Instrumente zu stimmen. Sie sind so in der Lage, selbst im Orchestergraben noch ihre Instrumente exakt zu stimmen.

Wie viele Spitzen?

Du brauchst:

- zwei Bleistifte
- Klebestreifen

Klebe zwei Bleistifte mit Klebefilm genau nebeneinander. Bitte einen Freund, die Augen zu schließen. Nun berühre ihn an verschiedenen Stellen, am Arm, an der Fußsohle, der Handfläche, den Lippen, dem Rücken – mal mit beiden Spitzen, mal nur mit einer. Lass ihn raten, ob du ihn mit einer Spitze oder mit beiden berührst.

Was passiert?

Die einzelnen Körperteile sind ganz verschieden empfindlich. Dein Freund wird nur an wenigen Stellen des Körpers sicher bemerken, ob du ihn mit beiden Spitzen berührst!

Die Blindenschrift „Braille"

Blinde Menschen haben eine eigene Schrift. Sie besteht aus winzigen Pünktchen. Weil unsere Fingerspitzen hochempfindlich sind, können blinde Menschen mit etwas Übung die unterschiedlichen Pünktchen gut erspüren!

Ein trockener Taucher

Du brauchst:

- ein Glas
- eine Schüssel mit Wasser
- Seidenpapier

Knülle ein Blatt Seidenpapier zusammen und stecke es in das Glas. Dann tauchst du das Glas mit dem Papier darin mit der Öffnung nach unten senkrecht in eine Wasserschüssel. Nimm das Glas wieder aus dem Wasser und ziehe das Papier heraus.

Was passiert?

Das Glas enthält nicht nur Papier, sondern auch Luft. Wasser kann daher nicht in das Glas eindringen, weil das Glas schon durch die Luft besetzt ist. Das Papier bleibt trocken!

Taucherglocken

Hans Hass, einer der Pioniere der Unterwasserfotografie, tauchte mit einer „Taucherglocke“ auf dem Kopf. In diesem Helm war Luft eingeschlossen. Daher konnte von unten kein Wasser hineindringen und er konnte atmen. Von der Oberfläche kam durch einen Schlauch frische Luft.

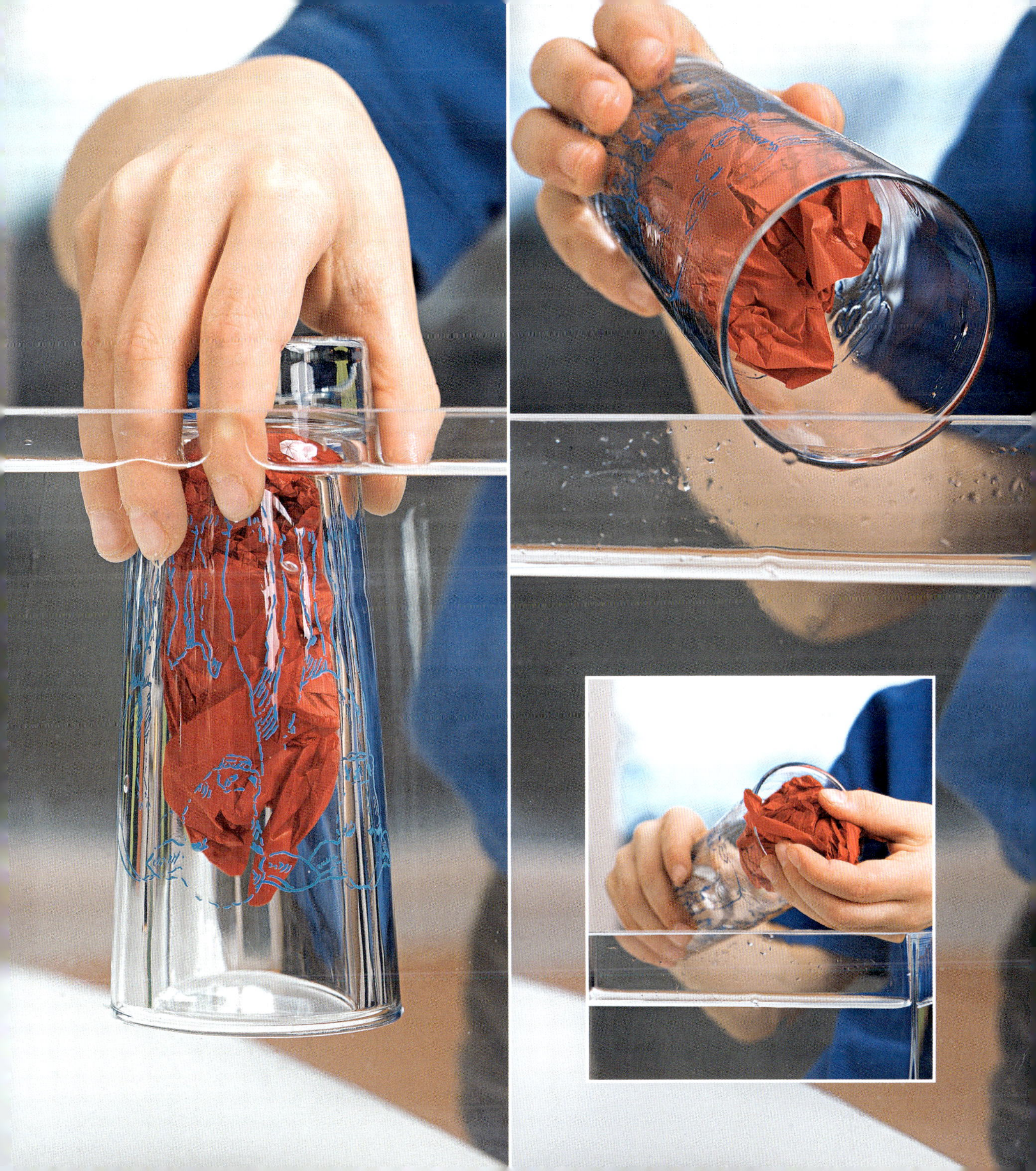

Tanzende Schlange

Du brauchst:

- ein Blatt Papier
- Faden
- bunte Stifte

Schneide aus dem Papier eine Spirale und male sie bunt an. Hänge die Spirale an einem Faden über die Heizung oder den Fernseher.

Was passiert?

Die warme Luft steigt nach oben – und die Spirale dreht sich!

Gefriertruhen

Im Supermarkt stehen Gefriertruhen mit Tiefkühlpizza, Eiscreme oder anderen Fertigwaren. Zur Sicherheit sind sie mit einem Deckel verschlossen. Aber eigentlich ist der Deckel überflüssig. Denn die kalte Luft bleibt immer unten in der Gefriertruhe, sie steigt nie nach oben!

Der berühmte Eiertest

Du brauchst:

- ein rohes Ei
- ein gekochtes Ei

Wie kannst du herausfinden, welches Ei roh und welches gekocht ist? Lege beide Eier auf den Tisch und drehe sie gleichzeitig ganz leicht.

Was passiert?

Das gekochte Ei dreht sich sofort. Das rohe Ei jedoch braucht etwas Zeit, um sich in Bewegung zu setzen. Denn das flüssige Eiweiß ist träge und will sich zuerst nicht mitdrehen. Das Ei taumelt, es wackelt und hört auch bald wieder mit dem Drehen auf.

Warum wird uns schwindelig?

Dein Gleichgewichtssinn ist im Innenohr. Dort sind ringförmige Schläuche, die mit Wasser gefüllt sind. Wenn du heftig kreiselst, kommt das Wasser darin in Schwung. Wenn du wieder stillstehst, dreht es sich zunächst noch weiter. Dein Ohr meldet daher immer noch: „Da dreht sich was.“ Dein Auge dagegen sagt: „Du stehst still.“ Die Folge von dem Chaos: Dir ist schwindelig …

Ein gewaltiger Schatten

Du brauchst:

- eine starke Lampe
- eine Schattenspielfigur

Halte die Figur in den Lichtstrahl und beobachte den Schatten. Bewege die Figur mal näher, mal weiter weg von der Lichtquelle.

Was passiert?

Das Licht tritt in Strahlen von der Lichtquelle aus. Dadurch verteilt es sich im Raum. Je näher die Figur an der Lichtquelle steht, desto größer wird ihr Schatten.

Was ist eine Sonnenfinsternis?

Die Sonne ist fast 400-mal größer als der Mond. Sie ist aber gleichzeitig 400-mal weiter weg von uns als der Mond. Deswegen kann der Schatten des kleinen Mondes die Sonne vollständig bedecken.

COSTA Y BRAVO

Ein roter Baum im Auge

Du brauchst:

- eine ganz kleine Taschenlampe

Halte die Taschenlampe am Rand vom Auge auf dein geschlossenes Augenlid. Bewege die Lampe ganz leicht hin und her.

Was passiert?

Nach kurzer Zeit erscheinen an deinem Augenlid rote Verästelungen. Das sind die Blutgefäße, die deine Netzhaut hinten im Auge durchziehen.

Vampiraugen

Auf Fotos haben Menschen oft leuchtend rote Augen. Der Blitz, der beim Fotografieren gesendet wird, trifft dabei auf die Blutgefäße im Auge. Diese werfen dann das Licht zurück – leuchtend rot!

Der farblose Tee

Du brauchst:

- einen Beutel schwarzen Tee
- eine Zitrone
- eine Zitronenpresse

Lasse den Teebeutel für einige Minuten in heißem Wasser ziehen. Jetzt hat der Tee eine schön bräunliche Farbe. Presse die Zitrone aus und träufle den Saft in den Tee.

Was passiert?

Der Tee verliert seine Farbe und wird deutlich heller. Die Zitronensäure im Zitronensaft ist ein Bleichmittel. Sie reagiert mit dem im Tee enthaltenen Farbstoff und hellt ihn auf.

O Schreck, ein Fleck!

Mit Zitronensaft kann man Flecken auf hellen Geweben entfernen. Einfach Zitronensaft auf ein helles Tuch geben und den Fleck wegreiben. Vorsicht aber bei dunklen Geweben, da Zitrone bleicht – wie du gerade beim Tee-Versuch gelernt hast!

Das klebrige Wasser

Du brauchst:

- zwei Glasscheiben oder Spiegel

Gib einige Tropfen Wasser auf einen Spiegel. Drücke den zweiten dagegen. Nun versuche, die beiden Scheiben auseinanderzuziehen.

Was passiert?

Unter einem Mikroskop siehst du, dass die beiden Scheiben nicht wirklich dicht aufeinanderliegen. Wenn du aber Wasser zwischen die Scheiben gibst, füllt es alle Lücken. Die Verbindung wird so stark, dass die Platten aneinanderkleben – nur mit Wasser! So lange jedenfalls, bis das Wasser verdunstet ist.

Warum klebt Klebstoff?

Klebstoff wirkt wie Wasser, er verdunstet aber nicht. Denn er wird an der Luft hart. Und so bleibt die dichte Verbindung zwischen zwei Gegenständen bestehen.

Feuerlöscher gefällig?

Du brauchst:

- eine brennende Kerze
- einen Trichter

Stelle eine brennende Kerze vor dich hin. Halte einen Trichter davor und versuche, durch den Trichter hindurch die Kerze auszublasen.

Was passiert?

Die Kerze lässt sich nicht so leicht ausblasen. Die Luft strömt am Rande des Trichters entlang. In der Mitte entsteht ein fast luftleerer Raum. Schau dir das auch mal von der Seite an, wenn jemand anders es macht – die Kerzenflamme wird in den Trichter hineingesogen!

Wind an den Häuserecken

Hast du das auch schon einmal erlebt? Du gehst durch eine schmale Gasse und der Wind pfeift hinter dir her. Kaum kommst du an die nächste Ecke, bläst dir auf einmal der Wind von vorn ins Gesicht. Die Gasse wirkt dann wie der Trichter.

Die Überraschungskiste

Du brauchst:

- eine Dose mit Deckel
- Münzen

Befestige an einer Seite in der Dose viele Münzen und verschließe sie dann. Stelle die Dose auf die Tischkante und schiebe sie weit nach außen. Wie weit kannst du die Dose über die Tischkante ragen lassen, ohne dass sie hinunterfällt?

Was passiert?

Der Schwerpunkt der Kiste verschiebt sich von der Mitte weg zu den Münzen. Die Kiste kann daher weiter über den Tischrand geschoben werden.

Ein starker Kran

Kennst du die schweren Betonplatten, die am anderen Ende eines Krans sind? Sie sorgen dafür, dass der Schwerpunkt des Krans hinter dem Führerhäuschen liegt. Wenn der Kran eine schwere Last trägt, kippt er daher nicht um.

OLATIER HACHEZ, BRE

OLATIER HACHEZ, BRE

Das Schattengesicht

Du brauchst:
- eine Taschenlampe
- weiße und schwarze Pappe

Stelle dich vor einen Spiegel und verdunkle den Raum. Halte die Taschenlampe an eine Seite deines Gesichts und beobachte dich im Spiegel. Dann hältst du an die andere Seite zunächst die schwarze Pappe. Wie sieht dein Gesicht aus? Anschließend probierst du das Ganze mit der weißen Pappe.

Was passiert?

Das Licht der Taschenlampe wird von der weißen Pappe zurückgeworfen. Es trifft die dunkle Seite deines Gesichts und beleuchtet sie. Die weiße Pappe wirkt wie ein Spiegel. Schwarze Pappe leuchtet kaum zurück.

Warum leuchtet der Mond?

In unserem Sonnensystem gibt es nur einen Himmelskörper, der von selbst leuchtet: die Sonne. Die Strahlen der Sonne werden vom Mond wie von einem Spiegel zu uns geworfen. Der Mond strahlt daher manchmal so hell, dass Bäume sogar einen Mondschatten werfen können.

Der Schmecktest

Du brauchst:

- eine Banane
- eine gekochte Karotte
- eine gekochte Kartoffel

Zerkleinere Kartoffel, Möhre und Banane auf je einem Schälchen zu Mus. Verbinde der Versuchsperson mit einem Tuch die Augen und führe sie ins Zimmer. Bitte sie, sich die Nase zuzuhalten. Lass die Versuchsperson nun von jedem Schälchen kosten.

Was passiert?

Die Versuchsperson weiß nicht, welche Lebensmittel auf den Schälchen liegen. Daher wird es ihr kaum gelingen herauszufinden, was sie probiert! Das liegt daran, dass die Zunge nur süß, sauer, salzig und bitter unterscheiden kann. Erst die Nase fügt dem Geschmack die entscheidenden Feinheiten hinzu.

Verflixter Schnupfen

Die Nase ist verstopft, ständig müsst ihr niesen: Ein Schnupfen hat euch gepackt. Und das Essen schmeckt auch nur noch fade. Denn eine verstopfte Nase kann nicht mehr „schmecken"!

ORIGINAL VINTAGE DEPARTMENT
BLUE PROJECT
55

Joghurt, selbst gemacht!

Du brauchst:
- 250 ml Milch
- 3 Esslöffel Naturjoghurt (nicht mit Wärme behandelt)
- einen Topf

Erhitze die Milch auf 40 Grad und rühre drei Esslöffel Joghurt dazu. Wärme den Ofen auf 50 Grad auf und stelle den Topf 30 Minuten hinein. Dann schaltest du den Ofen aus, lässt aber den Topf darin und wartest über Nacht ab.

Was passiert?

Die Joghurtbakterien fühlen sich bei Temperaturen um 40 Grad besonders wohl. Sie vermehren sich dann schnell. Während sie sich vermehren, verbrauchen sie den Milchzucker und machen daraus Milchsäure. Die Säure macht das Milcheiweiß dick. Joghurt entsteht!

Die saure Milch

Säure lässt das Milcheiweiß übrigens immer dick werden. Das kannst du auch mit einem Spritzer Zitronensaft in einem Esslöffel Milch ausprobieren. Jetzt hast du aber keinen Joghurt, sondern nur saure Milch ...

pasteurisiert · homogenisiert
Bio
GOLDENER PREIS
DLG

Blühende Papierblumen

Du brauchst:
- buntes Papier
- einen Teller mit Wasser

Schneide aus Papier kleine Papierblumen, wie sie auf dem Foto zu sehen sind. Falte sie zusammen und setze sie auf das Wasser.

Was passiert?
Papier besteht aus Holzfasern. Wenn Papier nass wird, quellen diese Fasern auf. Und geknickte Fasern richten sich auf, wenn sie aufquellen. Deswegen öffnen sich deine Blüten nach kürzester Zeit.

Die Tür klemmt!
Wenn es draußen längere Zeit feucht ist, klemmen Holztüren manchmal. Denn das Holz nimmt die Feuchtigkeit auf und beginnt aufzuquellen: Die Tür verzieht sich.

Verliebte Bälle

Du brauchst:

- zwei Buntstifte
- zwei Tischtennisbälle
- Klebefilm
- einen Trinkhalm

Befestige die Stifte mit Klebefilm in einem Abstand von zwei Zentimetern genau parallel auf dem Tisch. Lege die Bälle darauf. Versuche nun, sie auseinanderzublasen.

Was passiert?

Die Luft zwischen den Bällen strömt schneller als die Luft außen. Dadurch entsteht zwischen den Bällen ein Unterdruck: Statt auseinanderzuweichen, werden die Bälle immer aufeinanderzurollen und sich nicht trennen lassen!

Der klebende Duschvorhang

Auch unter der Dusche gibt es schnell strömende Luft. Sie wird durch das Wasser aus der Dusche bewegt. Die Luft zwischen dem Duschvorhang und dir strömt also schneller als die Luft draußen. Die Folge ist, dass sich der Duschvorhang nach innen wölbt und meist am nassen Körper kleben bleibt.

Ein Fall-Wettbewerb

Du brauchst:

- ein fest geknülltes Papier
- ein locker geknülltes Papier
- zwei Tischtennisbälle
- Spritze und Kanüle (Apotheke)

Fülle mithilfe der Spritze einen Tischtennisball mit Wasser. Dann stellst du dich im Freien auf einen Stuhl. Nun lass die Gegenstände von oben fallen. Was kommt zuerst unten an, was fällt am langsamsten?

Was passiert?

Eigentlich fallen alle Gegenstände gleich schnell, egal, wie schwer sie sind – wenn keine Luft im Raum ist. Aber das Papier wird von der Luft stark gebremst, vor allem das locker geknüllte. Die Tischtennisbälle werden wenig gebremst, deswegen kommen sie fast gleich schnell unten an, obwohl sie verschieden schwer sind.

Der Luftwiderstand trägt

Gleitschirmflieger nutzen den Luftwiderstand aus. Der Mensch allein würde schnell auf den Boden fallen. Der große Luftwiderstand des Gleitschirms jedoch bremst den Fall so stark ab, dass der Gleitschirm nur ganz langsam zur Erde sinkt.

Der Filzstift-Wettbewerb

Du brauchst:

- verschiedene Filzstifte
- einen Streifen aus Filterpapier
- ein hohes Glas mit Essig
- einen Bleistift und Klebefilm

Male an das untere Ende des Streifens, ungefähr zwei Zentimeter vom Rand entfernt, mehrere Farbpunkte nebeneinander. Setze unbedingt auch einen schwarzen Punkt! Klebe das obere Ende des Filterpapiers um einen Bleistift. Fülle in das Glas etwas Essig und hänge den Streifen so hinein, dass er gerade den Essig berührt.

Was passiert?

Bald beginnen die Farben, nach oben zu laufen. Manche schneller, andere langsamer. Und nach einiger Zeit teilen sich die Farbpunkte auf. Welche Farbpunkte waren „rein", welche teilen sich in verschiedene Farben auf?

Die Farben im Farbdrucker

Habt ihr zu Hause einen Farbdrucker? Dann guck dir die Tintenpatronen an. Sie bestehen genau aus drei Farben: Rot (Magenta), Blau (Cyan) und Gelb (Yellow). Aus diesen Farben lassen sich alle gewünschten Farben mischen. Nur Schwarz braucht eine Extrapatrone.

essig
essig

Wo ist der Zucker?

Du brauchst:
- zwei Gläser Zucker
- ein Glas Wasser
- einen Topf

Stelle den Topf auf den Herd und schütte das Wasser hinein. Nun gieße auch den Zucker hinzu und erhitze das Ganze vorsichtig. Dabei musst du gut rühren und darauf achten, dass sich der Zucker vollständig im Wasser auflöst und nicht anbrennt. Sobald der Zucker komplett gelöst ist, kannst du das Zuckerwasser wieder in ein einziges Glas gießen!

Was passiert?
Zwischen den kantigen Zuckerkristallen bleibt viel Platz für Luft. Auch zwischen den Wasserteilchen sind viele Zwischenräume. Die großen Zuckerkristalle können sich also zwischen den Wasserteilchen „verstecken".

Weißt du, wie viel Zucker ...
... in einer Flache Ketchup versteckt ist? Über 40 Zuckerwürfel! Und wer zum Beispiel Cola trinkt, hat pro Flasche umgerechnet mindestens 15 Zuckerwürfel verdrückt.

Zuckerstäbe, selbst gemacht!

Du brauchst:
- den Zuckersirup aus dem vorherigen Versuch
- ein Glas
- Holzstäbchen

Gieße den Zuckersirup in ein Glas und tauche die Stäbchen in den Sirup. Stelle das Glas an einen warmen Ort (Fensterbank) und warte einige Tage, bis sich Zuckerkristalle an den Stäbchen bilden.

Was passiert?
Zunächst bilden sich winzig kleine und mit der Zeit immer größere Zuckerkristalle. Denn die Holzstäbchen saugen sich mit dem Zuckerwasser voll. Das Wasser verdunstet jedoch und zurückbleiben die Zuckerkristalle.

Tolle Geschenk-Idee!
Die Holzstäbchen lassen sich gut zum Süßen von Tee verwenden. Da sie so schön aussehen, sind sie auch ein prima Geschenk!

Farbige Schatten

Du brauchst:

- drei starke Lichtquellen, z. B. Diaprojektor, Strahler oder starke Taschenlampe
- rote, blaue und grüne Folie

Bedecke die Lichtquellen mit je einer Farbfolie. Richte sie so aus, dass alle Lichtquellen auf die gleiche Stelle an der Wand strahlen. Die Wand sollte nun weiß beleuchtet sein. Jetzt halte deine Hand vor die Wand. Schalte auch abwechselnd mal die eine oder andere Lampe aus.

Was passiert?

Die Schatten erscheinen in vielen Farben!

Spiel mit Farben

In manchen Science-Centern, zum Beispiel im Technorama in Winterthur, gibt es Versuche, bei denen du mit Farbe spielen kannst. Bei dem Versuch auf dem Bild werden deine Bewegungen in farbige Schatten übersetzt.

Eine große Menge Nichts

Du brauchst:

- ein Glas mit Wasser
- Salz oder Zucker

Fülle das Glas randvoll mit Wasser. Füge Salz hinzu und rühre vorsichtig um. Wie viel Salz wird hineinpassen, bis es überläuft?

Was passiert?

Wasser besteht zum großen Teil aus – nichts! Daher ist zwischen den einzelnen Wasserteilchen eine Menge Platz: Es passt viel mehr Salz dazwischen, als du gedacht hättest!

Wie werden Nährstoffe im Körper transportiert?

Unser Blut besteht zum größten Teil aus Wasser. Und Wasser ist das beste Transportmittel, das es auf der Welt gibt. Denn es kann in seinen Löchern haufenweise Nährstoffe durch unseren Körper transportieren und bringt viele Schadstoffe weg – ohne dass es „mehr" wird.

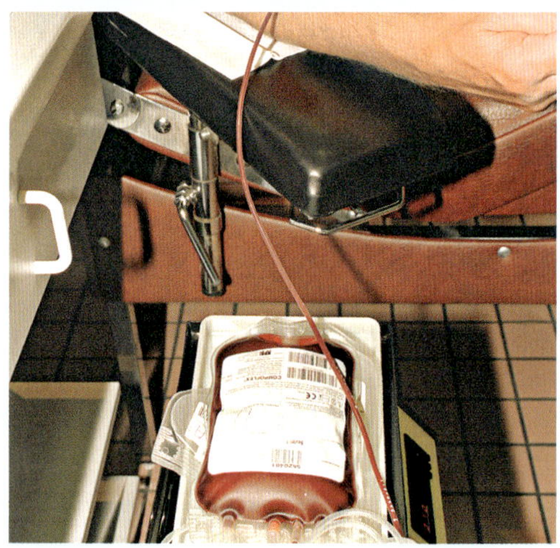

JODSALZ
mit Fluorid
500g

Tanzende Luftblasen

Du brauchst:

- zwei Päckchen Backpulver
- 250 ml Essig
- ein großes Gefäß, zum Beispiel ein altes Aquarium
- eine flache Schale, die ins Gefäß passt
- Seifenblasenflüssigkeit

Stelle die Schale in das Gefäß. Löse in der Schale Backpulver mit Essig auf. So entsteht dort ein Gas: Kohlendioxid. Wenn das Blubbern vorbei ist, kannst du vorsichtig Seifenblasen in das Gefäß blasen.

Was passiert?

Die Seifenblasen platzen nicht! Sie tanzen auf dem Kohlendioxid. Jetzt kannst du die Seifenblasen in aller Ruhe betrachten.

Tanz auf dem Gas

Nicht nur Seifenblasen tanzen auf Gas, auch Wasser kann auf Gas tanzen. Das passiert in der Küche, wenn Wasser auf die heiße Herdplatte spritzt. Ein Teil des Wassers verdunstet. Und auf diesem Wasserdampf tanzt der Tropfen noch eine Weile herum.

Backpulver

Eine tolle Rakete

Du brauchst:

- einen Luftballon
- einen Trinkhalm
- Klebefilm
- Schnur

Führe die Schnur durch den Trinkhalm und befestige ein Ende der Schnur an einer Türklinke. Dann bläst du einen Ballon auf (nicht zuknoten!) und klebst den Trinkhalm fest. Jetzt musst du die Schnur festhalten – und den Ballon loslassen.

Was passiert?

Die Luft bläst nach hinten weg – und durch die Gegenbewegung wird der Ballon nach vorn geschossen.

Unbekannter Raketenantrieb

Viele Leute meinen, dass eine Rakete startet, weil sie sich vom Boden abdrückt. Das stimmt aber nicht: Die Rakete fliegt wegen der Kraft, die gegen die Explosion wirkt. Zum Beweis: Raketen fliegen sogar im luftleeren Raum – deswegen werden sie auch im Weltall gezündet.

Das unsichtbare Licht

Du brauchst:

- eine Infrarot-Fernbedienung
- einen Fernseher oder eine Stereoanlage
- mindestens einen Spiegel

Baue die Spiegel so auf, dass du den Fernseher oder die Stereoanlage darin erkennen kannst, zum Beispiel „um die Ecke" oder „durchs Treppenhaus". Dann zielst du mit der Fernbedienung auf das Bild im Spiegel.

Was passiert?

Du kannst den Fernseher oder die Stereoanlage ohne Probleme auch aus einem anderen Zimmer bedienen.

Was ist Infrarot?

Wir Menschen sehen nur einen Teil des Lichts: von Rot über Orange, Gelb, Grün, Blau, Indigo bis Violett. Aber daneben gibt es noch anderes Licht, zum Beispiel Ultraviolett oder Infrarot. Manche Tiere sehen auch dieses Licht. Für Bienen sehen Blüten ganz anders aus als für uns.

So siehst du.

So sieht eine Biene.

Voll schlaff, der Salat!

Du brauchst:

- Blätter vom Kopfsalat
- Salatsoße (2 Esslöffel Öl, 1 Esslöffel Essig, Salz und Pfeffer)
- zwei Teller

Zupfe den Salat in kleine Stücke. Verteile die Blätter auf die Salatschälchen. Über einen Salat gibst du nun die Salatsoße. Lass beide Salate eine Stunde stehen.

Was passiert?

Durch das Salz in der Soße wird den Blättern die Flüssigkeit entzogen. Sie werden schlaff und matschig. Die Salatblätter ohne Soße sehen auch nach einer Stunde noch frisch aus.

Der perfekte Salat

Wenn du Salat zubereitest, darfst du die Salatsoße immer erst kurz vor dem Essen über den Salat geben. Den Salatrest mit Soße kann man leider nicht aufbewahren – er wird matschig!

REINES
SONNENBLUMEN
ÖL
Reich an
Vitamin E
Wein-Branntwein-
Essig
5% Säure,
25% aus Wein,
75% aus Branntwein
1L℮

Das Riesen-Ei

Du brauchst:

- ein rohes Ei
- ein Glas mit Essig
- ein Glas mit Wasser

Lege das rohe Ei in Essig, bis sich die Schale aufgelöst hat. Beginne damit am besten am Vormittag und wechsle nach einigen Stunden den Essig aus.
Dann legst du das „Gummi-Ei“ in das Glas mit Wasser.

Was passiert?
Das Wasser dringt durch feinste Löcher in das Ei ein. Die Löcher sind so klein, dass sie nur Wasser hineinlassen, aber kein Eiweiß hinauskann! Das Ei wächst …

Wie gelangt das Wasser bis in unsere Fingerspitzen?
Wenn wir trinken, muss das Wasser aus unserem Magen bis in die Fingerzellen gelangen. Auch hier dringt es einfach von den Blutgefäßen aus durch die Wände der Zellen hindurch.

Wein-Branntwein
Essig

Ein flotter Flieger

Du brauchst:

- einen Trinkhalm
- buntes Papier
- Klebefilm

Klebe zwei verschieden lange Papierstreifen zu einem Ring zusammen. Befestige sie an je einem Ende des Trinkhalms. Achte darauf, dass du sie an der gleichen Seite des Halms befestigst.
Nun lässt du den Flieger sanft fliegen.

Was passiert?

Auch wenn der Flieger nicht nach Flieger aussieht – er hat hervorragende Flugeigenschaften!

Flugobjekte

Wenn etwas ruhig im Wind stehen soll, muss es nicht unbedingt Flügel haben. Windhosen zur Windrichtungsbestimmung zum Beispiel sind immer als Röhren gebaut. Auch so mancher Flugdrachen hat eine Röhrenform.

Ein Seiltänzerclown

Du brauchst:

- einen Clown aus Papier
- zwei 10-Cent-Stücke
- eine Schnur

Bastle aus Papier einen Clown, so wie auf dem Foto zu sehen ist. Klebe ihm zwei Münzen an die Hände. Nun kannst du ihn mit dem Kinn auf eine gespannte Schnur setzen.

Was passiert?

Der Clown kippt nicht um! Du kannst ihn sogar langsam die Schnur abwärtshüpfen lassen. Denn sein größtes Gewicht, sein Schwerpunkt, liegt tief unterhalb der Schnur in seinen Händen.

Warum halten Seiltänzer eine Stange in den Händen?

Alle Hochseilartisten halten eine lange Stange in den Händen. So verlegen sie ihren Schwerpunkt tiefer – und verteilen das Gewicht weiter an die Seiten. Dadurch stehen sie stabiler auf dem Seil. Aus dem gleichen Grund streckst du auch die Arme aus, wenn du balancierst.

Warme und kalte Farben

Du brauchst:
- zwei Wassergläser
- weißen und dunklen Stoff
- ein Thermometer

Fülle die Gläser mit Wasser. Bedecke eines mit weißem Stoff, das andere mit schwarzem. Stelle beide Gläser in die Sonne.
Nach einer Stunde misst du die Temperatur in beiden Gläsern. Welches Wasser ist wärmer?

Was passiert?
Sonnenstrahlen bestehen nicht nur aus Licht, sondern auch aus Wärme. Der schwarze Stoff schluckt alle Sonnenstrahlen. Darum ist er dunkel und heizt schnell auf. Deswegen wird auch das Wasser darin schneller warm. Der weiße Stoff wirft alle Sonnenstrahlen sofort wieder zurück.

Warum frieren Eisbären nicht?
Das Eisbärenfell ist farblos (es ist nur scheinbar weiß!) und lässt alle Sonnenstrahlen bis auf die Haut durchscheinen. Und die Eisbärenhaut ist schwarz. Das sieht man gut um die Nase herum. Die Haut wird warm und so frieren Eisbären im arktischen Winter nicht.

50
°C
40
Warm
Bad
30
Kalt
Bad
20
50
°C
40
Kinder
Bad
30
Warm
Bad

Die kalte Nasenspitze

Du brauchst:
- einen Metalllöffel
- einen Plastiklöffel

Bitte einen Freund, die Augen zu schließen. Nimm einen der Löffel und halte ihn an seine Nase. Dann berühre seine Nase mit dem zweiten Löffel. Welcher Löffel ist kälter? Achte darauf, dass beide Löffel vor dem Versuch die gleiche Temperatur hatten.

Was passiert?
Deine Temperaturfühler messen die ganze Zeit den Unterschied zwischen der Temperatur an der Haut und der Körpertemperatur. Weil der Metalllöffel die Wärme der Haut schnell ableitet, wird es an der Haut kalt. Also denkt dein Körper, dass der Löffel kalt ist. Der Plastiklöffel dagegen leitet keine Wärme ab – er fühlt sich wärmer an.

Woraus trinken wir?
Heiße Getränke trinken wir niemals aus Zinnbechern. Dabei würden wir uns die Hände schnell verbrennen. Auch Porzellantassen haben aus gutem Grund einen Henkel. Becher dagegen sind oft aus Plastik. So können wir sie gut anfassen – und der Inhalt bleibt länger heiß.

Um die Wette reifen

Du brauchst:

- einen reifen Apfel
- zwei unreife, harte Birnen
- einen Gefrierbeutel

Lass eine unreife Birne zwei Tage bei Zimmertemperatur alleine liegen. Lege die andere unreife Birne zusammen mit dem Apfel in einen Gefrierbeutel. Stich einige Löcher in den Gefrierbeutel, damit die Feuchtigkeit gut entweichen kann. Vergleiche nach zwei Tagen die Birnen miteinander.

Was passiert?

Die Birne, die alleine lag, ist deutlich härter und unreifer als die Birne, die neben dem Apfel gelagert wurde. Der Grund dafür ist das Reifegas Ethylen. Reife Äpfel verströmen dieses Gas und beschleunigen damit das Reifen anderer Früchte.

Grüne Bananen

Bananen werden unreif (grün) geerntet, denn sie haben lange Transportwege vor sich. In Europa lagern sie dann in Hallen, in denen sie mit einem Reifungshormon besprüht werden. Erst so werden sie gelb – und süß ...

Ein U-Boot aus Orangen

Du brauchst:

- eine frische Orange
- eine Flasche mit Wasser
- einen Korken

Schneide aus einem Stück Orangenschale ein kleines U-Boot und setze es in die voll gefüllte Wasserflasche. Nun verschließt du sie mit einem Korken. Drücke langsam den Korken immer tiefer in die Flasche hinein.

Was passiert?

Durch den Druck steigen plötzlich kleine Bläschen aus der Orangenschale auf und das U-Boot beginnt zu sinken. Wenn du den Korken herausziehst, steigt das Boot wieder auf.

Die Tricks der Fische

Die meisten Fische besitzen eine mit Luft gefüllte Blase: die Schwimmblase. In diese lassen sie gerade so viel Luft hinein, dass sie im Wasser schweben können. Wollen sie tiefer, lassen sie Luft ab. Haie haben keine Schwimmblase. Sie müssen sich immer bewegen, sonst sinken sie auf den Grund.

Alles nur heiße Luft

Du brauchst:

- eine dünne Mülltüte
- einen Pappstreifen
- einen Föhn
- Klebefilm

Klebe den Pappstreifen zu einem Ring zusammen. Der Ring muss so groß sein, dass du problemlos mit dem Föhn hineinblasen kannst. Befestige die Mülltüte um den Ring herum. Blase nun warme Luft durch den Ring in die Tüte – und lass die Tüte los.

Was passiert?

Die warme Luft steigt nach oben. Sofort bläht sich die Tüte auf – und steigt auf.

Ein Heißluftballon

Auch ein großer Heißluftballon erhält seinen Auftrieb allein durch heiße Luft. Die Ballonhülle dient dabei zum Umfassen dieser heißen Luft. Je nach Größe des Ballons kann er mit bis zu 20 Personen durch die Luft fahren.

Am langen Hebel

Du brauchst:

- ein langes Lineal
- einen Stift
- Gewichte

Lege das Lineal so auf den Stift, dass ein Ende des Lineals länger ist als das andere. Dann stellst du zunächst ein Gewicht auf das lange Ende und versuchst, das Lineal am kurzen Ende hinunterzudrücken. Dann stellst du das Gewicht auf das kurze Ende – und drückst noch einmal.

Was passiert?

Wenn sich das Gewicht am langen Ende befindet, ist es ganz schön schwer, das Lineal zu kippen. Ist es jedoch am kurzen Ende, geht es ganz einfach.

Das Geheimnis der Wippe

Du kennst dieses Prinzip gewiss von der Spielplatzwippe. Wenn du mit einem Erwachsenen auf den normalen Sitzen der Wippe sitzt, klappt es nicht. Aber wenn der Erwachsene näher zur Mitte rutscht, könnt ihr wippen – denn dann bist du am längeren Ende.

Milch macht Wasser blau

Du brauchst:

- ein Glas mit Wasser
- eine schwache Taschenlampe

Lass wenige Tropfen Milch in ein Glas mit Wasser fallen. Verdunkle den Raum und schalte die Taschenlampe ein. Leuchte von oben in das Milchglas. Danach von hinten. Welche Farbe hat das Wasser jetzt?

Was passiert?

Das Licht prallt an den Milchkügelchen ab. Dabei zerfällt es in die verschiedenen Farben. Besonders stark prallt das blaue Licht ab. Es schießt dann kreuz und quer durch die Milch: Die Milch erscheint bläulich.
Weil so viel blaues Licht in der Milch hängen bleibt, kommt am anderen Ende des Glases nur rötlich gelbes Licht an. Deswegen ist die Milch, wenn die Lampe von hinten scheint, gelblich.

Warum ist der Himmel blau?

Unsere Erdatmosphäre besteht aus vielen kleinen Teilchen, zum Beispiel aus Sauerstoff oder Stickstoff. Wenn Sonnenlicht auf diese Teilchen trifft, passiert das Gleiche wie in der Milch: Das Licht wird aufgeteilt und das blaue Licht jagt kreuz und quer über den Himmel.
Bei Sonnenuntergang scheint die Sonne von der Seite – und der Himmel wird gelb-rötlich.

Schlag die Butter!

Du brauchst:

- Bio-Schlagsahne (Zimmertemperatur)
- eine Rührschüssel
- ein Handrührgerät
- ein Sieb

Schlage die Sahne auf höchster Stufe, bis sie fest wird. Dann schlägst du weiter, bis Klumpen entstehen und das Fett sich von der Flüssigkeit trennt (Vorsicht, es spritzt!).
Schütte alles durch ein Sieb. Die Flüssigkeit ist Buttermilch! Die Butterklumpen kannst du auf einem Stück Brot probieren.

Was passiert?

Sahne enthält Milchfett. Durch das Schlagen verbindet sich das Milchfett zu Klümpchen. Dabei bleibt Buttermilch übrig.

Ein Butterfass

In Heimatmuseen sind oft Butterfässer zu sehen. Die fette Milch wurde früher darin so lange gestampft (oder wie hier „gedreht"), bis Butter entstand.

Feinster
besonders
schlagfähig

Ein Eiswürfelkran

Du brauchst:

- ein Glas mit Wasser
- einen Eiswürfel
- Bindfaden
- Salz

Fülle das Glas fast randvoll mit Wasser und lass den Eiswürfel hineingleiten. Lege quer über das Glas einen Bindfaden. Achte darauf, dass der Faden auf dem Eiswürfel liegt. Nun streust du etwas Salz auf den Eiswürfel und wartest 30 Sekunden ab. Dann hebst du vorsichtig den Bindfaden hoch.

Was passiert?

Das Salz lässt ein wenig Eis schmelzen. Das geschmolzene Salzwasser fließt ins Glas zurück. Nun kann das salzfreie Wasser am Eiswürfel gefrieren. Der Bindfaden klebt im Eis fest und du kannst ihn hochheben.

Nur Süßwasser gefriert!

Nur Wasser ohne Salz darin kann zu Eis werden. Deswegen sind alle Eisberge reines Süßwasser – auch wenn sie auf salzigem Wasser treiben. Die Eismassen vor allem des Südpols sind die größten Süßwasservorräte unserer Erde.

JODSALZ
mit Fluorid

Der Superdrink

Du brauchst:
- viele Trinkhalme oder einen dünnen Schlauch
- Klebefilm

Klebe viele Trinkhalme mit Klebefilm ganz dicht zu einem Riesentrinkhalm zusammen. Stelle dich auf einen Stuhl oder einen Tisch und versuche nun, Saft aus einem Glas zu trinken.

Was passiert?

Je länger der Trinkhalm ist, desto schwieriger wird es, zu trinken. Beim Saugen entsteht im Mund ein Unterdruck. Dadurch steigt die Flüssigkeit nach oben. Irgendwann (bei ungefähr acht Metern Länge) ist das Gewicht der Flüssigkeit im Trinkhalm so hoch, dass die Flüssigkeit nicht mehr weitersteigen kann.

Wie hoch werden Bäume?

Bäume können nicht unendlich hoch werden – denn das Wasser muss noch bis in die Blätter hinaufsteigen können. Wenn das Gewicht des Wassers in den Röhrchen des Baums zu schwer wird, ist Schluss mit dem Wachsen.

Ein Wassermotor

Du brauchst:

- einen Joghurtbecher
- zwei Trinkhalme mit Knick
- Schnur
- Knete

Bohre nahe dem Boden zwei gegenüberliegende Löcher in den Joghurtbecher. Schneide die biegsamen Teile der Trinkhalme ab und stecke sie in die Löcher. Dichte die Löcher mit Knete ab. Nun befestigst du den Becher mit Schnur an einem Wasserhahn und drehst das Wasser auf.

Was passiert?

Das Wasser tritt in einer Richtung aus und drückt dabei die Halme in die andere Richtung. Und der Becher dreht sich!

Das Steuerrad des Kraken

Der Krake hat in seinem Körper einen Hohlraum, der mit Wasser gefüllt ist. Wenn er diesen zusammenpresst, drückt er das Wasser durch ein kleines Loch hinaus und schießt vorwärts. Das kleine Austrittsloch lässt sich zu allen Seiten verstellen. So verändert der Krake seine Schwimmrichtung.

LLING IN
PIECRUS
MIN SPREAD SOUR

Die schwarze Tomate

Du brauchst:

- rote, blaue und gelbe Folie
- eine Taschenlampe
- einen Karton
- Gemüse in verschiedenen Farben

Schneide an den Rand des Kartons ein Loch, gerade so groß, dass die Taschenlampe hineinpasst. Lege das Gemüse hinein. Bedecke den Karton mit einer der drei Folien und schalte die Lampe ein.

Was passiert?

Je nach Farbe der Folie sind die Gemüsefarben nicht mehr zu erkennen. Blaue Folie macht die Zitrone grün, bei roter Folie ist eine Zucchini schwarz und so weiter.

Warum ist das T-Shirt rot?

Dein T-Shirt ist nur rot, wenn weißes Licht darauffällt, wenn es also alle Farben bekommt. Dann schluckt der Stoff gelbes und blaues Licht – und gibt nur das rote Licht wieder zurück. Schon sieht das T-Shirt rot aus. Wenn nur blaues Licht darauffällt, kann das T-Shirt kein Rot mehr zurückstrahlen und es sieht schwarz aus.

Bitte beidhändig transportieren.

Wasserballett

Du brauchst:

- eine Flasche mit frischem (kohlensäurehaltigem) Mineralwasser
- einige Rosinen oder Sultaninen

Lege einige Rosinen in die Flasche und warte ab.

Was passiert?

Die Rosinen beginnen zu tanzen! Das liegt an der Kohlensäure. Die Gasbläschen heften sich an die Rosine und heben sie hoch. Sobald sie an die Oberfläche kommen, zerplatzen sie und die Rosine sinkt erneut zu Boden. Und das Ganze beginnt von vorne.

Der störrische Trinkhalm

Hast du ein Glas mit Cola vor dir, sinkt der Trinkhalm zunächst auf den Grund – denn er ist schwerer als Wasser. Nach kurzer Zeit steigt er jedoch nach oben. Denn die Gasbläschen bleiben am Trinkhalm hängen und ziehen ihn hoch.

Das Wasser am Spiegel

Du brauchst:

- einen Spiegel oder eine Glasscheibe

Lege den Spiegel für einige Zeit in das Eisfach. Hole ihn heraus und hauche ihn an.

Was passiert?

Dein warmer Atem enthält viel Wasserdampf. Wenn dein Atem auf die kalte Scheibe trifft, kühlt er ab. Der Wasserdampf verwandelt sich sofort in gut sichtbare Wassertröpfchen: Der Spiegel beschlägt.

Warum braucht das Kamel wenig Wasser?

Kamele haben eine ganz besondere Nase. Sie atmen fast keinen Wasserdampf aus: Ihr Atem ist völlig trocken. Auf diese Weise verliert ihr Körper wenig Wasser und sie müssen nicht so schnell wieder trinken.

Zutaten:
wieder einfrieren!
12

Eine Blumenspritze

Du brauchst:
- einen Trinkhalm
- einen Becher mit Wasser

Schneide einen Trinkhalm im oberen Drittel zur Hälfte ein und knicke ihn an genau dieser Stelle. Nun stellst du ihn in ein Glas mit Wasser und pustest durch das kurze Ende des Halms über das lange Stück hinweg.

Was passiert?
Die Luft, die über den unteren Teil des Strohhalms bläst, zieht das Wasser nach oben – und versprüht es.

Parfümzerstäuber
Die meisten Parfümfläschchen arbeiten mit diesem Prinzip des Zerstäubens. Aber auch viele andere Spritzflaschen, ob für Fensterreiniger, Blumenwasser oder Ähnliches, versprühen ihren Inhalt auf diese Weise.

Wasser steht kopf

Du brauchst:

- einen Eimer mit Henkel

Fülle den Eimer mit wenig Wasser. Dann schleuderst du den Eimer mit viel Schwung im Kreis herum. Führe diesen Versuch unbedingt nur im Freien durch!

Was passiert?

Wird der Eimer schnell genug geschleudert, so bleibt das Wasser im Eimer und fließt nicht heraus. Denn die Fliehkraft zieht das Wasser und den Eimer von dir weg.

Warum fallen wir nicht aus dem Looping raus?

Die Geschwindigkeit des Karussells drückt uns fest in den Sitz. Je schneller die Wagen sind, desto stärker ist diese Fliehkraft. Und diese Kraft ist größer als die Erdanziehungskraft. Deswegen fallen wir nicht aus dem Looping raus.

Der Geist aus der Flasche

Du brauchst:
- Backpulver
- Essig
- einen Luftballon zum Aufblasen
- eine kleine Glasflasche
- Trichter

Gieße 100 ml Essig in die Flasche. Dann füllst du mit einem Trichter Backpulver in den Luftballon und stülpst ihn über die Flasche.

Was passiert?

Schon nach kurzer Zeit beginnt das Backpulver mit dem Essig zu reagieren. Es entsteht dabei das Gas Kohlendioxid. Das siehst du daran, dass die Masse anfängt zu schäumen. Es bilden sich immer mehr Bläschen, die nun auch in der Flasche aufsteigen und den Ballon langsam, aber sicher aufblasen.

Lecker-locker Kuchen

Auch beim Kuchenbacken bildet sich durch das Backpulver Kohlendioxid. Da der Teig zäh ist, wird er vom Gas nach oben gezogen und es entstehen kleine Hohlräume. Er schmeckt dadurch schön lecker-locker.

Der unmögliche Luftballon

Du brauchst:

- eine Flasche
- einen Luftballon
- einen Trinkhalm

Stecke den Luftballon in die Flasche. Versuche, ihn aufzublasen.

Was passiert?

In der Flasche ist viel Luft. Sie drückt gegen den Ballon. Egal, wie fest du pustest – es wird dir nicht gelingen, den Luftballon aufzublasen.
Wenn du den Strohhalm neben den Luftballon einführst, kann die Luft aus der Flasche entweichen. Dann erst dehnt sich der Luftballon aus.

Druck auf den Ohren

Im Aufzug bekommst du manchmal einen Druck auf den Ohren: Der Höhenunterschied bewirkt eine Veränderung des Luftdrucks im Aufzug. In deinem Ohr ist ein mit Luft gefüllter Hohlraum, das Mittelohr. Es will sich jetzt entweder zusammenziehen oder ausweiten – das geht aber nicht im Ohr. Also tut es weh. Da hilft nur eins: Mit dem Kiefer „knacken", so öffnet sich ein Luftkanal – wie der Trinkhalm bei dem Versuch.

Papier macht Krach!

Du brauchst:

- zwei Holzstäbchen oder Trinkhalme
- Papier
- Klebefilm

Klebe je einen Streifen dünnes Papier an die beiden Trinkhalme. Halte die beiden „Fahnen“ vor dein Gesicht und versuche, sie auseinanderzublasen.

Was passiert?

Durch den starken Luftstrom entsteht zwischen den Blättern ein Unterdruck. Dadurch ziehen sich die Blätter an. Aber durch den Atem werden sie auch auseinandergeblasen. Die Papierstreifen schlagen daher zusammen und es entsteht ein lautes Geräusch!

Fahnen knattern

Dieser „Bernoulli-Effekt“, benannt nach dem niederländischen Mathematiker Daniel Bernoulli (1700-1782), ist auch der Grund für das Knattern von Fahnen. An einem windigen Tag kann das sehr laut werden!

Es zieht und flieht

Du brauchst:

- einen Joghurtbecher mit Murmeln
- zwei Klebefilmringe
- Schnur

Binde den Joghurtbecher an die Schnur. Ziehe die Schnur durch einen Klebefilmring und befestige am anderen Ende den zweiten Klebefilmring. Dann stellst du den Becher auf den Tisch und hältst den ersten Ring in der Hand. Nun beginnst du, den anderen Ring im Kreis zu schwingen, schneller und schneller.

Was passiert?

Der äußere Klebefilmring will immer weiter weg und zieht dabei langsam den Joghurtbecher nach oben. Wenn alles im Gleichgewicht ist, schwingt der volle Ring gerade so stark, dass der Joghurtbecher schwebt.

Unser Sonnensystem

Die Planeten kreisen mit großer Geschwindigkeit um die Sonne. Gleichzeitig werden sie von der Sonne angezogen. Das ganze System befindet sich im perfekten Gleichgewicht. Die Planeten drehen sich so schnell, dass sie nicht zur Sonne gezogen werden – aber nicht zu schnell, sonst würden sie aus dem Sonnensystem hinausgeschleudert werden.

Sauer macht - haltbar!

Du brauchst:
- eine Zitrone
- einen Apfel
- zwei Teller

Schneide den Apfel in Stücke und verteile sie auf den beiden Tellern. Presse die Zitrone aus und beträufle nur die Apfelstücke auf einem Teller. Achte darauf, dass alle angeschnittenen Stellen mit Zitronensaft eingerieben werden. Lass nun beide Teller zwei Stunden stehen.

Was passiert?
Beim Aufschneiden des Apfels kommt das Fruchtfleisch mit Sauerstoff in Berührung. Das Fruchtfleisch verfärbt sich braun. Der saure Zitronensaft schützt das Fruchtfleisch vor dem Sauerstoff. Diese Apfelstücke behalten daher ihre Farbe.

Säuerungsmittel
Magst du gerne Pesto, das grüne Kräutergemisch auf Spaghetti? Lies mal auf dem Etikett nach. Fast immer ist „Säuerungsmittel“ aufgelistet. Das sorgt dafür, dass dein Pesto immer knackig frisch und grün aussieht. Sonst wäre die Oberfläche schnell unappetitlich braun.

Lösch das Licht aus!

Du brauchst:
- ein hohes Glas
- ein Teelicht
- Backpulver
- Essig
- lange Streichhölzer

Mische in dem Glas einen Teelöffel Backpulver mit Essig. Vorsicht, es schäumt! Stelle ein Teelicht hinein. Nun versuche, das Teelicht mit einem Streichholz zu entzünden.

Was passiert?
Wenn Backpulver und Essig miteinander vermischt werden, entsteht das Gas Kohlendioxid. Dieses Gas erstickt jede Flamme. Daher erlischt das Streichholz, bevor du dich damit dem Docht nähern kannst.

Wie löscht ein Feuerlöscher?
In vielen Feuerlöschern ist nicht Wasser, sondern Kohlendioxid enthalten. Dieses Gas ist schwerer als Luft und sinkt nach unten. Dort erstickt es die Flammen.

zauberhaft
acken
ulver
AUSREICHEND
FÜR
500 g MEHL
GLUTENFREI

Der Druck aus der Flasche

Du brauchst:
- eine Kunststoffflasche
- eine Prickelnadel (oder einen dicken Nagel)

Stich drei Löcher in großem Abstand in die Kunststoffflasche. Stelle die Flasche ins Spülbecken. Dann füllst du Wasser in die Flasche.

Was passiert?
Durch den Druck des Wassers spritzt das Wasser aus allen Löchern gleichzeitig heraus. Aber oben ist der Strahl am kürzesten, unten am weitesten. Denn je tiefer das Loch ist, desto stärker ist dort der Wasserdruck.

Der Druck auf den Ohren
Das kennst du bestimmt vom Schwimmbad: Wenn du ganz tief tauchst, drückt es dir viel kräftiger auf deine Ohren als oben an der Oberfläche.

Bildnachweis:

Experimentefotos: gondolino (S. 19, 33, 45, 57, 63, 69, 81, 93, 105, 116, 117, 127, 129, 139, 141, 153, 165, 175, 185, 193, 197, 201, 203), alle weiteren Christoph Schmotz.
Sonstige Fotos: Michael Rhode (Seite 8, 14, 20, 50, 100, 130); dpa (Seite 10, 24, 34, 38, 58, 64, 74, 76, 82, 88, 122, 144, 158, 190); Ulrike Berger (Seite 12, 22, 96, 132); Deutscher Skilehrerverband (Seite 16); Shutterstock (Andrey Armyagov (S. 18), Schigosangan (S. 32),Iuskiv (S. 44), John Griffiths (S. 56), KlavdiyaV (S. 62), Maxim Khytra (S. 68), Dasha Petrenko (S. 80), Openkomax (S. 92), Juan Ci (S. 104), ToskanaINC (S. 126), FreeProd33 (S. 128), showcake (S. 138), Slaan (S. 140), Patchareeloveson (S. 152), Markuso (S. 164), Morphart Creation (S. 174), Africa Studio (S. 184), tomkawila (S. 192), ArtisticPhoto (S. 196), Karissaa (S. 200), son Photo (S. 202)); Photodisc (Seite 26, 40, 66, 70, 154, 182, 204); Picture Alliance (Seite 28, 30, 48, 54, 72, 78, 84, 102, 108, 120, 156, 168, 178, 188, 194); Bananastock (Seite 42); Thomas Herkert (Seite 46); Okapia (Seite 52); Flugschule Dreyeckland / NOVA (Seite 60, 134, 172); Reinhard Wilde (Seite 86); Goodshot (Seite 90); EyeWire (Seite 94); arco (Seite 98, 180); Hans-Hass-Archiv HIST (Seite 106); Ulrich Niehoff (Seite 110); NASA (Seite 112 124, 148); Albert J. Schmidt (Seite 114); Elke Fox (Seite 118); Arnd Krieg (Seite 136); Technorama Winterthur (Seite 142); W. Huppertz /AWI (Seite 160); Imagesource (Seite 162); NOAA (Seite 166, 176); Meins & Krabs (Seite 186).